NHK ガッテン！

暮らし劇的大革命

物忘れ メタボ 血糖値
免疫力 腰痛・ひざ痛
花粉症 サクサクフライ
ふわっトロ煮魚

NHK「ガッテン！」制作班 編

NHK ガッテン!

暮らし劇的大革命

本書は2018年5月～2019年4月の１年間に放送された「ガッテン！」の中でも、特に人気の高かった回を１冊にまとめたものです。実践した人は暮らしが劇的に変わったと感じるはず。さっそく今日から始めてみませんか?

長年の腰痛が消えた!?

腰痛やひざ痛に悩む人はもしかすると足の指が地面に着かない「浮き指」かもしれません。浮き指を治して、痛みを改善する方法をご紹介します。

10万人調査で判明!
腰痛・ひざ痛 劇的改善のカギは足形にあり!?
→ P4

GATTEN! 2

フライの悩みスッキリ解決

「サクッと揚がらない」「衣が剥がれてしまう」。そんな悩みも今日かぎり。少ない油でも、お店のようにサクサクに揚げる方法を伝授します。

簡単美味!
家庭の「フライ」新常識
→ P10

21日間でメタボ脱出!?

最新ダイエットをたった21日間行っただけで、なんと6人中３人がメタボから脱出。どのようなダイエット法か、イラスト入りカードで分かりやすくご紹介します。

マイナス3%の奇跡!
ダイエットの超・新常識
→ P12

おかげさまで「ガッテン!」も25年目に突入

これからも思わずガッテン! したくなる情報をお届けします

10万人調査で判明！

腰痛・ひざ痛 劇的改善のカギは足形にあり!?

GATTEN!

「腰痛とひざ痛」「首と肩の痛み」

Q. これらの悩みの原因は？

Kさん（66）

7年前から腰痛に。腰からひざ、くるぶしへ範囲が広がり、歩くことが困難に。しまいには階段を上がれなくなって、2階建ての家を平屋に建て替えざるをえませんでした……。

40年間も首や肩の痛みに悩まされ続けてきました……。毎日、朝起きたときから痛い。朝が来なければいいとも思いました。

Sさん

A. 原因は「浮き指」かも

2人とも「浮き指」を治したら痛みがウソのように消えた！

足の指が1本以上浮いていたら「浮き指」

【636 人の足裏調査】

	正常 186 人	浮き指 450 人
ひざ痛	0 人	37 人
頭痛	36 人	188 人
肩こり	36 人	283 人
腰痛	74 人	301 人

データ提供：桜美林大学　阿久根英昭特任教授

あるお祭りで 636 人の足裏調査を行ったところ、正常な人に比べて「浮き指」の人は、ひざ痛、頭痛、肩こり、腰痛を訴える割合が多かった。特に、腰痛は浮き指の約 67%の人が、肩こりは約 63%の人が「ある」と答えている。

両足の人さし指と中指が浮いている

【浮き指とは】

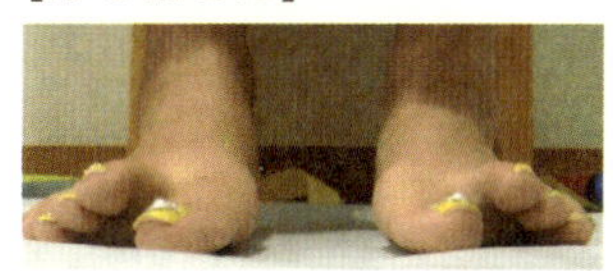

浮き指とは、直立したときに足の指に体重がかからず、浮いてしまう状態のこと。ここでは指が1本でも浮いていれば「浮き指」としている。

画像提供：早稲田大学大学院スポーツ科学研究科

10万人の足形を取って「浮き指」を発見

日本のある研究者は30年かけて全国10万人以上の足形を取り、足の裏にかかる圧力を測ってきました。そんなある日、ある奇妙なことに気付きます。足形には大きく2つのタイプがあり、指がしっかり写っている足形と、指がしっかり写っていない足形に分かれたのです。

しっかり写っていない足形は、足の指が地面に1本以上着いていない「浮き指」の人のもの。男性の約6割、女性の約8割が浮き指だったそうです。そこで、お祭りに来た老若男女に協力してもらい、足形を取りつつ「日頃からひざ痛、頭痛、肩こり、腰痛に悩まされていませんか？」と質問したところ、浮き指の人はそうでない人に比べて、それらの悩みを訴える割合が非常に多かったのです（上記）。

浮き指でよけいな負荷がかかる!?

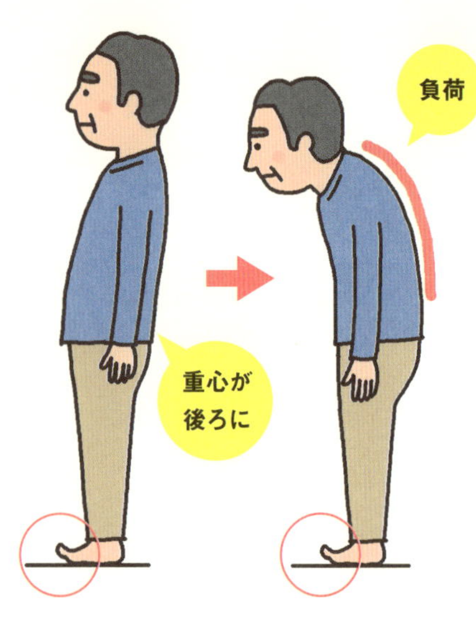

・足の指に体重がうまくのっていないと、重心が後ろに移動する。

・バランスを取るため無意識に上半身を前に傾けて猫背のような姿勢に。
・重い頭を支えるために、首から腰によけいな負荷がかかる。

その結果、筋肉が緊張して血流が悪くなり、頭痛や肩こり、腰痛などにつながるのではないかと考えられる。

浮き指が腰痛や肩こりを引き起こすメカニズム

なぜ浮き指だとひざ痛、頭痛、肩こり、腰痛になりやすいという調査結果が出たのでしょう。まだ研究段階ですが、1つには重心が後ろに移動するためと考えられています。

また、人は歩行時、衝撃を足の裏全体で分散しながら歩いていますが、指が浮いているとうまく分散できずに、ひざへの負担が増すと言われています。実際、番組で行った実験によると、浮き指の人は1歩歩くごとに、ひざへの負荷が3kg相当よけいにかかっていました。

さらに浮き指だと前方に倒れないようふんばる力が弱くなり、転倒リスクが高まると研究者たちは警鐘を鳴らします。厚生労働省によると、平面での転倒で亡くなる人が交通事故死者より多かったという報告*もあるので、侮れません。

*人口動態調査・死亡要因（2016年）

知っておこう

＼ そもそも、なぜ？ ／

浮き指になってしまうのか

大きな原因は靴にあった!?

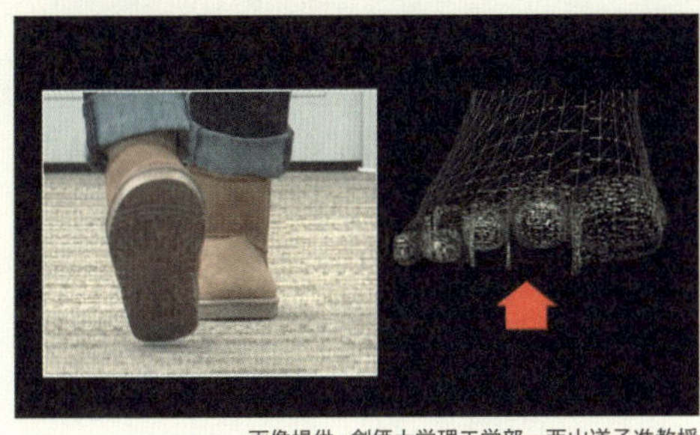

画像提供：創価大学理工学部　西山道子准教授

日本では玄関で靴を脱ぐため、脱ぎやすい大きめの靴を選ぶ傾向にある。このような靴だと、脱げないように無意識のうちに足の指を上げて歩くことが多い。長期間繰り返されれば、足の甲側の筋肉がこり固まって、浮き指が常態化してしまう。

こんなブカブカの靴、履いていませんか？

- ☑ 足の甲に指が１本以上入る。
- ☑ かかとを合わせたとき、親指の先に１～1.5cmより広く隙間があいている。
- ☑ ひもをほどかずに脱ぎ履きしている。

１つでも当てはまる場合は、浮き指になりやすい。

×

○

1cm～1.5cm

お勧めの靴はこれ！

大事なのは自分の足に合った靴を選ぶこと。足の甲に指が入らず、かかとを合わせたとき、つま先に１～1.5cmの余裕がある靴がお勧めだ。ひも靴の場合は毎回しっかり締め直すようにする。

「窮屈な靴」も要注意

ハイヒールなどつま先が細い靴は、足の指が詰まって押し上げられ、浮き指になりやすい。長時間履かないことも大切。

やって
みよう

＼ あなたは大丈夫？ ／

浮き指かどうか調べてみよう

浮き指かどうか、目安が分かる手軽なチェック法がある。

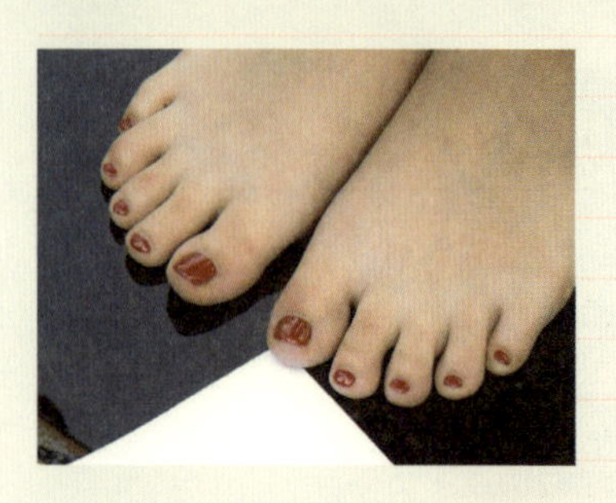

1 はがきや名刺くらいの厚さの紙を用意する。

2 平らな場所に直立し、まっすぐに前を向く。他の人に、足の指の下へ紙を差し込んでもらう。

判定
します！

足の指に体重がきちんとかかっていれば、紙は入らないはず。指に体重がかかっていない場合は紙が入ってしまい、「浮き指」の可能性がある。

小学校や保育園で「浮き指改善」の報告が続々と！

浮き指を問題視してすでに対策を取り、成果を出しているところもあります。

石川県のある小学校では、定期的に上履きの検査を行い、児童の足にピッタリ合う靴に交換したところ、浮き指だった子どもの7割が1年後には改善したと報告されています。

また、福岡県のある保育園では「ひろのば体操」（P9）を行うことで園児の転倒が確実に減り、運動能力もアップしたそうです。ひろのば体操とは、凝り固まった足の甲の筋肉をほぐして、浮き指の改善を図る体操です。冒頭で紹介したKさんも、足に合う靴に替えるとともに、ひろのば体操を実践。2か月で以前のように元気に歩けるようになったそうです。

これらの対策、ぜひ試してみませんか？

やってみよう

＼ 優しく、軽く、がポイント ／

浮き指を改善！「ひろのば体操」

足の指をひろげてのばすから「ひろのば体操」。1日1回、片方の足15セットずつ行ってみよう。

1 いすに座り、足をもう一方の脚の太ももの上にのせる。手の指を1本ずつ足の指の間に入れて軽く握る。

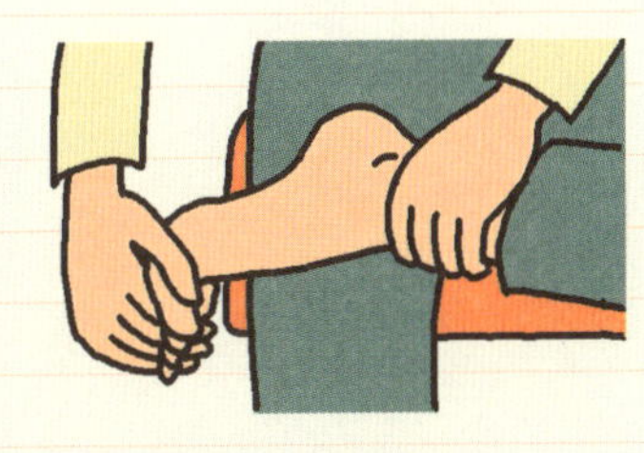

2 甲のほうへ足の指を反らせ、そのまま5秒間キープ。

痛みが出ないくらいの軽い力で優しく行うこと。軽い力でも痛みがある場合は中止する。

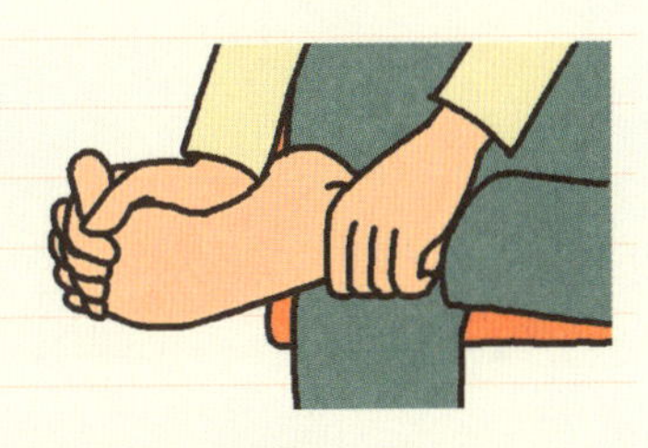

3 次に足裏のほうへ曲げて、そのまま5秒間キープ。

お母さんたちに

ケース 「フライ」の悩みを聞きました

Eさん

子どもの大事な試合のときはいつも豚カツ。でも揚げ物で“おいしい”と言われた記憶がないかも……。“サクッ”が理想です。

Nさん

子どものためによく作りますが、色ムラができたり、衣の一部が剥がれてしまったり……。プロが作る揚げ物みたいな感じに全くなりません。

その他にも

粉をはたき、卵にくぐらせ、パン粉を付けて、油で揚げる。手順が多くて面倒！

だから買ってきたフライで済ませてしまう……、ということも。

簡単美味！

家庭の「フライ」新常識

GATTEN! FOOD

GATTEN!

フライの達人がそんな悩みを解決！

初めての人でも失敗なし。
少ない油でもお店のようなおいしい
サクサクフライの作り方を伝授します。

衣をしっかり付けて、外はサクッ、中はふっくらを実現！その秘密は小麦粉と卵を混ぜた「バッター液」にあり！

料理研究家 フライの達人

しかも

冷めても
サクサクのフライです。

ピーンとまっすぐ、ぷりぷり
えびフライ

外はサクサク、中はふんわり
豚カツ

カラリと揚がり、油はねしにくい
いかリング

➡詳しくは P128

実験しました

最新ダイエットを21日間だけ

実験に参加した６人のうち３人がメタボから脱出することができた。体重に大きな変化はないものの、血液検査の数値が正常値に戻った！

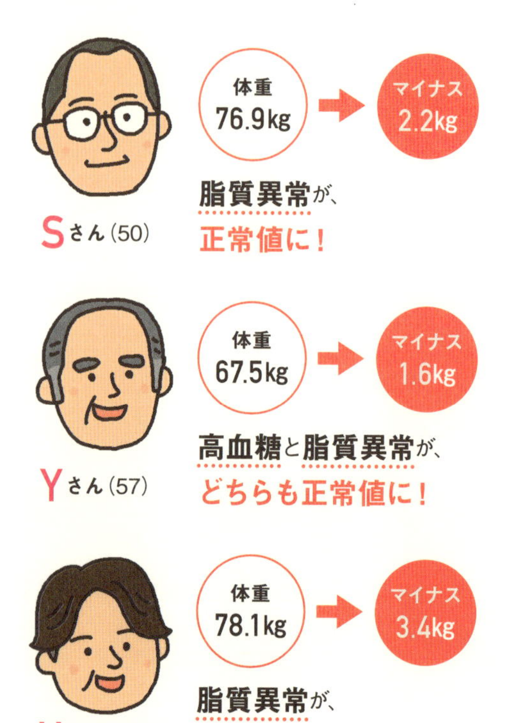

メタボの診断基準

ウエストが男性85cm以上、女性90cm以上で、かつ高血圧、高血糖、脂質異常のうち、２つ以上に当てはまると、メタボリックシンドロームと診断される*。おなかが出ていてもメタボではない場合もある。

*痩せていても高血圧・高血糖といった「隠れメタボ」の場合もある。医療機関へ相談を。

マイナス３％の奇跡！

ダイエットの超・新常識

GATTEN!

ケース なんと脂肪肝の程度も改善！

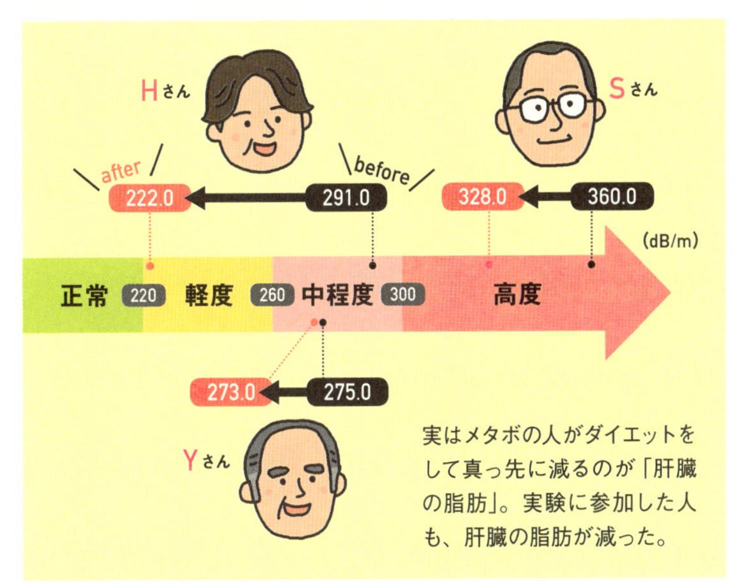

取材協力：横浜市立大学医学部肝胆膵消化器病学　小川祐二助教

たった21日のダイエットでなぜメタボ脱出？

メタボ体質の人がダイエットをしたときにまず減るのは、内臓脂肪ではなく肝臓の脂肪。近年、肝臓の脂肪を減らすことで悪玉ホルモンのヘパトカインが分泌されにくくなり、高血圧、高血糖、脂質異常の改善によってメタボ脱出を期待できることが分かってきました。

脂肪が多くついた肝臓（脂肪肝）から分泌されたヘパトカインは、全身の筋肉に作用しエネルギーである糖や脂肪を取り込みにくくします。そのため運動をしても疲れやすくスタミナのない体に。さらに筋肉を動かしても糖や脂肪が使われにくいので、肥満しやすくなります。しかし、メタボ体質の人が次ページ以降の適切なダイエットを行ったところ、ヘパトカインの分泌が抑えられ、21日で劇的変化が起きたのです。

やって
みよう

＼ 本当にこれだけでいいの？ ／

目標は体重の３％減！

「肥満症診療ガイドライン 2016」によると、肝臓の脂肪を減らしてメタボを脱出するには現体重の３％以上やせればいい。急なダイエットは危険だが、３％なら無理なく挑戦できる。

やり方は名付けて
【1日50gダイエット】

1日50g減量すれば2か月で3,000g（3kg）の減量になる。体重50gはおよそ300kcal分に相当するため（脂肪で換算）、ふだんの生活で毎日300kcal分食べる量を減らすか、運動して消費すればよいことになる。例えば体重80kgの人の3%は2.4kgだから、余裕でマイナス3%を達成！

❶マイナス100kcalカードを利用

P15～16のカードは100kcalに相当する食べ物の例が24枚、100kcalを消費するのに相当する運動の例が20枚ある。この中から毎日３つ選んで実行すれば、自然と1日の目標（300kcal）をクリアできる。食事と運動を組み合わせて300kcalでもかまわない。

❷毎日体重を記録することも大切

P17「体重記録シート」を拡大コピーしてその日の朝夜の体重を記録し、折れ線グラフにする。50g単位で測れない体重計の場合は、1週間で約300g減っていればほぼ順調。体重が増えてしまうときがあってもあまり気にせず、長い目でグラフが右肩下がりになるようにする。

これを開発・実践したある企業では、脱メタボ率72%！

*肥満から糖尿病などを発症し、医師の指導を受けている人は、必ずその方針に沿ったダイエットを行うこと。
*ダイエット中の人は特に脱水症状に注意。常に水分（甘くないもの）を多くとるようにする。

マイナス100kcalカード 食事編

＊番組で紹介したスマートフォンのアプリとは異なる。

マイナス100kcalカード 運動編

体重 70kg の人の場合

*番組で紹介したスマートフォンのアプリとは異なる。

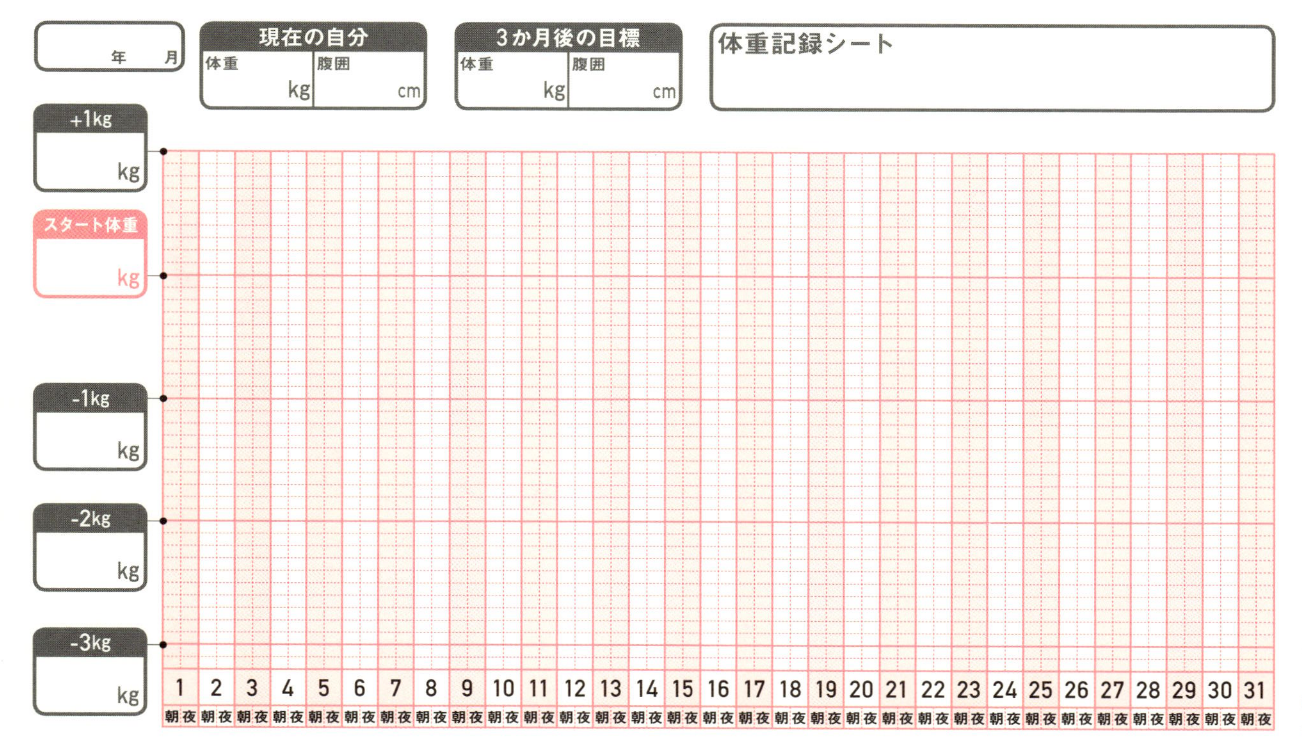

年 月
現在の自分
体重 kg
腹囲 cm
3か月後の目標
体重 kg
腹囲 cm
体重記録シート
+1kg
kg
スタート体重
kg
-1kg
kg
-2kg
kg
-3kg
kg
1 2 3 4 5 6 7 8 9 10 11 12 13 14 15 16 17 18 19 20 21 22 23 24 25 26 27 28 29 30 31
朝 夜

CONTENTS!

第1章 健康

第2章

食

NHK

ガッテン！

放送時間

本放送
NHK総合・毎週水曜日
午後7時30分～

再放送
NHK総合・毎週水曜日
午後3時8分～

※本書はNHKテレビ「ガッテン！」2018年5月～2019年4月の放送分から31本を選び、番組内容をもとに構成したものです。

第1章

健康

CHAPTER 1 "HEALTH"

物忘れを防ぐ“記憶物質”とは？　血糖値を下げる謎のポーズとは？「コレステロール」「腎臓病」から「免疫力アップ」「はり治療」まで、最新の研究で明らかにされたお役立ち情報を、たっぷりご紹介します。

認知症から難病まで!?

神経にたまる〝ゴミ〟の脅威

最新研究

神経にたまるものの正体は？

それは「レビー小体」と呼ばれるたんぱく質の塊。ウイルスでも菌でもなく、体のあちこちの神経細胞内にたまるゴミのようなもの。

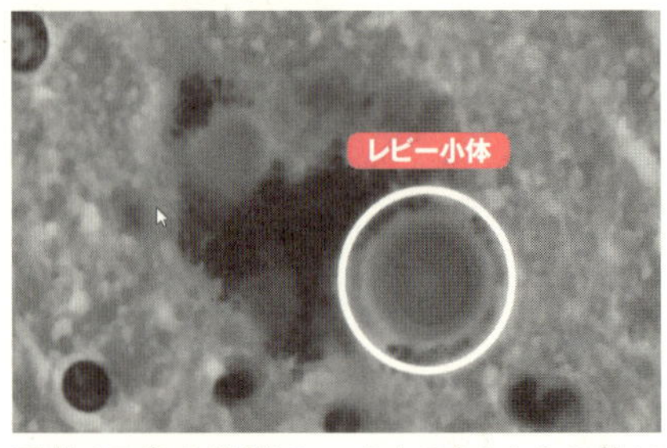

平均83歳の段階で、3人のうち1人の体に「レビー小体」がたまっている*。

*レビー小体がたまっていても、すべての人に症状が出るわけではない。

レビー小体が**大脳**にたまると、
幻視などを引き起こす
「レビー小体型認知症」になることが！

脳幹にたまると、突然手足が震える
「パーキンソン病」になることが！

画像提供：東京都健康長寿医療センター　村山繁雄博士

ケース まるで心霊体験のような幻視が……

存在しない人などが見える
レビー小体型認知症

目に映ったものが何であるかを正しく意味付けしているのは、脳の中の「大脳」です。しかし、この機能が落ちてしまうと、上記の女性のように、その場には存在しないはずの人や物、動物、虫などが見えてしまう「幻視」が起こることがあります。また、人と物を見間違えるような幻視もあります。

レビー小体は体のあちこちの神経にたまる危険性があり、レビー小体が1個あるということは、その周辺の神経細胞が障害を受けていると考えられます。このレビー小体が大脳にたくさんたまるような状態になると、目に映ったものの正しい意味付けができなくなることが。これが幻視で「レビー小体型認知症」の主な症状の1つです（次ページ）。

＼ 早期発見の手がかりに ／

レビー小体型認知症の主な特徴

特徴的な症状を知っていれば、早期発見につながりやすい。特に、レム睡眠行動障害は非常に早い段階から現れるため、人から指摘されたり、睡眠中にうなされることが多い場合は専門医を受診したほうが安心だ。

☑ **はっきりした幻視がある。**

実際にはそこにいない人や動物などがはっきり見える。

☑ **レム睡眠行動障害がある。**

隣の部屋まで聞こえるような大きな寝言を言ったり、寝相が非常に悪く、殴る蹴るなどの行為をしたりする。

☑ **手足の震えやこわばり、体の動きが遅くなる。**

☑ **日によって体調が著しく変わる。**

これまで問題なくできていた着替えや歯磨きができないときがある、一日中ボーッとしている日があるなど。

＼ 思い当たる人は ／

認知症専門の精神科、神経内科、脳神経内科へ

今は画像診断も発達しているため、より正確に診断できるようになった。

COLUMN

5万人がバーチャルリアリティーで体験

「知らない人がいる。この人が突然"ケースに入ったコントラバス"に変わった!」という不思議な現象も……。

レビー小体型認知症当事者の樋口直美さん監修のもと、この病気についてより多くの人に知ってもらうために、症状の1つ「幻視」が体験できるバーチャルリアリティー映像が作られています。
設定は自分が楽団員で、仲間の家でミーティングをするというもの。そこでは知らない人が壁を向いてじっと立っていたり、台所にいたはずの人が突然消えて別のところに瞬間移動したりなど、心霊現象のようなことが次々と起こります。ところが仲間には見えていないようです。
当事者がどのような世界を見ているか体験でき、レビー小体型認知症への理解が一気に進むバーチャルリアリティーで、すでに医療・介護従事者や学生などおよそ5万人が体験しているそうです。

取材協力・画像提供:シルバーウッド

他の病気と間違えられて深刻な副作用を起こすことも

レビー小体型認知症はアルツハイマー型に次いで多い認知症ともいわれています。しかし初期には記憶障害が少なく、症状が多様*1なことから、他の病気と間違えられてしまうことも。
また、この病気の人は薬剤過敏症を起こしやすいため、不用意に薬をのむと重大な副作用を起こすおそれもあります*2。実際、当初うつ病と診断されて抗うつ剤をのみ、失神やけん怠感に襲われてほぼ寝たきりになったケースも。一般的な総合感冒薬でも、レビー小体型認知症の人は具合が悪くなることがあるのです。
完治させる薬はまだ見つかっていませんが、早いうちに正しい診断を受ければ、より長く自分らしい生活を送ることにつながります。そのため「早期発見」が重要になってくるのです。

*1 幻視、レム睡眠行動障害のほか、自律神経失調症による頭痛、立ちくらみ、便秘、味覚低下、発汗障害、排尿障害など。
*2 すべての人に副作用が出るわけではない。薬をやめる判断は、医師と相談してから。

レビー小体が脳幹にたまるとパーキンソン病に！

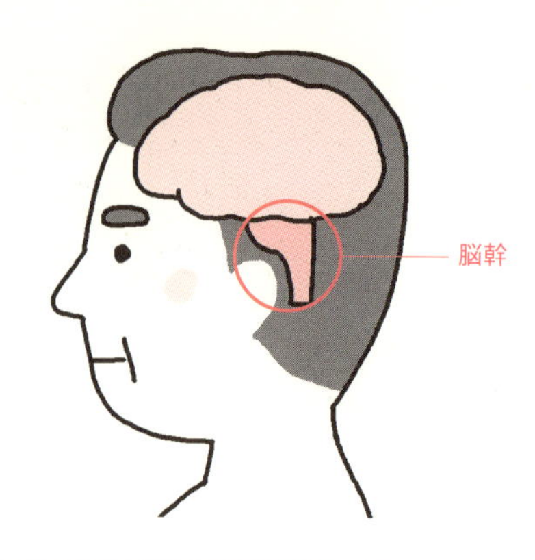

運動機能をつかさどる「脳幹」にレビー小体がたまると、パーキンソン病を発症するおそれがある。発症は50～60代に多い。

Hさん（67）の場合

Hさんは12年前、手の震えがあったため医療機関を受診したところ、すぐにパーキンソン病と診断された。早期診断、治療が奏功し、現在でも元気に暮らしている。今、Hさんのようによくなる人が非常に増えているという。

かつては発症後10年ほどで寝たきりに

レビー小体が原因のもう1つの主な病気が、「パーキンソン病」です。主な症状としては、自分の意思に関係なく突然襲ってくる手足の震えが挙げられます。進行すると体のバランスが悪くなり、何もないところで転んでしまうことも。さらに全身の筋肉が硬直して、かつては発症後10年ほどで寝たきりになってしまっていたため、不治の病として恐れられてきました。

パーキンソン病は、レビー小体が運動機能をつかさどる「脳幹」にたまる状態になると発症すると考えられています。レビー小体が脳幹にたまる理由はまだ完全には分かっていません。しかし、ここ20年で研究が進み、「治療の現場」は大きく変わっています。思い当たる方は神経内科などを受診しましょう。

知って
おこう

＼もう“不治の病”ではない！／

パーキンソン病の最新治療法

パーキンソン病は、俳優のマイケル・J・フォックスさんなど、多くの著名人が発症したことで広く知られるようになり、新薬の開発や運動療法の研究が進んでいる。進行を抑えるポイントはできるかぎり早く発見して、適切な治療をスタートさせることだ。

【早期発見の手がかりに】

パーキンソン病の主な特徴

- ☑ じっとしているとき、無意識に手足の震えが起こる。
- ☑ 素早い動きができず、動作がゆっくりになってしまう。
- ☑ 肩やひざなどの筋肉が硬くなり、スムーズに動かしにくい。

＼思い当たる人は／
神経内科、脳神経内科へ

治療のポイント

適した薬の服用で
非常によくなる。

＋

運動療法を併用すると、
さらに症状が劇的に改善。

↓

これでほぼ天寿を全うすることができるように！

物忘れ&認知症を予防！

〝記憶物質〟大発見

GATTEN!

○○○をしたら

ケース 物忘れが改善！

5年ほど前から物忘れが増えて悩んでいました。友達との約束をすっかり忘れてしまったり、店まで行ったのに買う物を忘れたり。自分が自分で信じられない。ボケの始まりかな？ と思いました。

I さん (78)

10年ほど前から薬の飲み忘れや、用事を忘れてしまうことが増えました。物を取りに行ったのに、何を探していたのか忘れてしまうこともありました。

T さん (90)

ところが
甘い物を控えたり、
糖質の多いごはんを減らして
血糖値を下げたら **物忘れが減った！**

それってなぜ？➡ P31

こんな血糖値の人は要注意！

健康診断の項目を見て以下に該当する人は、生活習慣の見直しを！

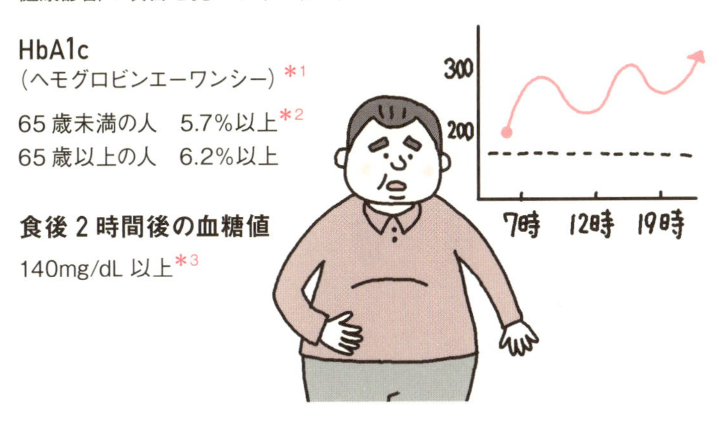

HbA1c
（ヘモグロビンエーワンシー）＊1

65歳未満の人　5.7％以上＊2
65歳以上の人　6.2％以上

食後2時間後の血糖値
140mg/dL 以上＊3

＊1 HbA1c の数値は過去1～2か月間の血糖値の平均を示す値。
＊2 基準値は4.6～6.2％だが、物忘れはHbA1cがやや高いくらいでも起こる可能性があるので注意が必要。
＊3 食後血糖値は、市販の血糖値検査キットなどで測定することができる。糖尿病の疑いがある人は、専門の病院などで検査を受けられる。

血糖値が高いほど物忘れのリスクが高まる

血糖値と物忘れの間には密接な関係があることが、世界中のさまざまな研究で明らかになっています。

カナダの大学では、血糖値が高い50～60代の男女約3000人を対象に、さまざまな脳の機能を調べるテストが実施されました。その結果、1～2か月間の血糖値の平均を示すＨｂＡ１ｃの値が高い人ほど、記憶力のテストの成績がよくないことが分かりました。また、こうした記憶力の低下は糖尿病の患者だけに限らず、少し血糖値が高いくらいでも起こる可能性があると報告されています。「糖尿病ではないから安心」と言ってはいられません。

Ｐ28のＩさん、Ｔさんも高血糖だったため、物忘れをしやすくなったと考えられます。

記憶力テスト中は、血糖値が急降下！

頭を働かせているときと、血糖値の関係を調べた実験。

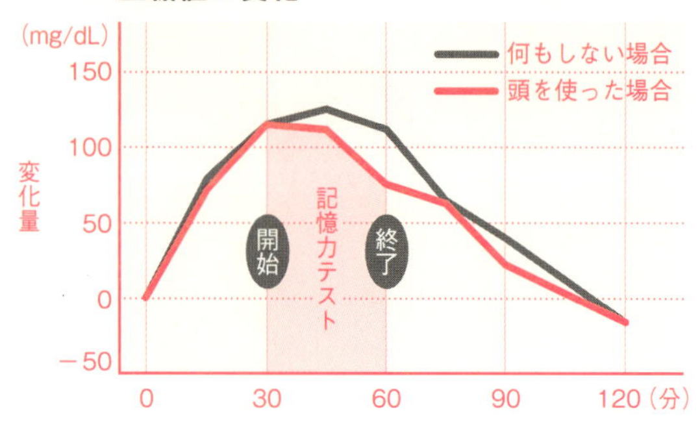

ブドウ糖 50g 入りの水を飲み、何もしなかった（頭を使わなかった）ときは、45 分ほどで血糖値がピークに達すると、あとはなだらかに下がっていった。

一方、別の日に同じ水を飲んで 30 分後、記憶力テストをすると、始めた途端に血糖値が急降下。しかし、記憶力テストが終わると、頭を使わなかったときとほぼ同様のなだらかな線を描いて、血糖値が下がった。

番組で実験しました！やっぱり脳には糖が欠かせない？

頭を働かせるために糖が必要なことは、よく知られています。例えば、対局時間が8時間にも及ぶ将棋のタイトル戦では、食事以外におやつなどで糖を補給して、頭が働くようにしています。

番組ではこれを裏付けるための実験をしてみました（上記）。頭を使っているとき、血糖値にどのような変化が現れるかを見ることで、調べてみようというものです。

記憶力テストで頭をフル回転させると、頭をあまり使っていないときに比べて「血糖値の下がり方が激しい」という結果になりました。つまり、頭を使っている間、血液中の糖が脳で消費されたことに。やはり脳には糖が欠かせないと考えられます。

血糖値が高い人の「脳と糖」の関係

血糖値が高めの人の脳を調べてみると、脳の一部分で糖の取り込みが悪くなっていたことがわかった。「血糖値は高いのに、脳は糖不足に陥っていた」ということになる。

物忘れを引き起こす仕組みインスリンがカギに！

脳には糖が必要なのに、高血糖が続くと物忘れが増えてしまうのはなぜか。有力な説の１つとして注目されているのが、すい臓から分泌されるホルモン「インスリン」の働きです。

私たちの体や脳の細胞はインスリンの働きかけで血液中の糖を取り込み、エネルギーとして利用します。その結果、血糖値が下がるのです。

しかし、甘い物のとりすぎなどで血糖値が高い状態が続くと、脳まで届くインスリンの量が減り、脳の細胞の「糖を取り込む力」が低下してしまいます。

そのため、脳は血液中に糖があっても使えないという状態に。脳の記憶をつかさどる部分は特に糖を必要とするため、物忘れが起きやすくなると考えられます。

やってみよう

＼ あなたは大丈夫？ ／

動物１分テストで物忘れチェック

いぬ、ねこ、しまうま、
やぎ、とら、ライオン、
おおかみ、きつね…
1分

１分間で動物の名前がいくつ言えるか数えてみよう。すでに言った名前を覚えていられるかどうかもポイントになるため、紙に書き出す必要はない。
13 種類以下*しか言えなかった人は「作業記憶」に問題がある可能性が。少し注意が必要。

*知識に個人差があるので、あくまでも１つの目安。13 以下の人が即危険ということではない。なお、十二支を続けて言うのはなしとする。

記憶が一時的に抜け落ち認知症リスクもアップ

　高血糖による物忘れは、人の名前など覚えているはずのことが出てこないタイプよりも、記憶が一時的に抜け落ちるタイプが多いといわれています。例えば、何を取りに来たか忘れてしまう、料理中にコンロの火を消し忘れてしまうなどの物忘れです。これは何か作業をする際、一時的に覚えておくために使う記憶力「作業記憶」が低下しているからとされています。
　また、高血糖は認知症とも密接な関係があるとも考えられています。脳にインスリンが届かない状態が長く続くと、脳の神経細胞が死滅して認知症の原因になるというのです*1。そうなる前に早めに血糖値をコントロールすれば予防できる可能性があるので、P33「３つの生活改善」を実践*2しましょう。

*1 糖尿病の人が必ず認知症になるわけではない。
*2 糖尿病の治療で行うインスリン注射で、物忘れや認知症が改善するわけではない。

やってみよう

＼ 血糖値をコントロールして ／

物忘れ＆認知症を防ぐ「３つの生活改善」

1. 週２～３回の有酸素運動

座ったままでもできる、少し汗ばむくらいの体操を行う。

2. 適度な糖質制限

食事１回につき、ごはんは100gまで。

3. 野菜を先に食べる

血糖値の下げ過ぎも脳に悪影響を及ぼす。すでに糖尿病と診断されている人は、必ず医師に相談してから行うこと。

新潟県魚沼市では医師も驚く回復ぶり

Ｐ28のＩさん、Ｔさんはどうやって物忘れを改善したのでしょうか。２人が住んでいる新潟県魚沼市では、10年前から町ぐるみで糖尿病対策を実施。そこでＩさん、Ｔさんが熱心に取り組んだのが上記の３つの生活改善でした。糖尿病の治療に加えることで血糖値の上昇が抑えられるというもの。根気よく続けたところ、医師も驚くほどの変化が現れたと言います。

実は２人とも、高血糖に加え、認知症予備軍の「ＭＣＩ（軽度認知障害）」と診断されていました。ところがこれらの対策を続けて血糖値が下がると、認知機能がアップ！　ＭＣＩになると５年以内に約半数の人が認知症に進行するといわれていただけに、この回復ぶりは驚きだったのです。

血糖値が
みるみる下がる！

謎のポーズで体質改善

謎のポーズで

ケース 血糖値がグーンと下がった！

糖尿病と診断されたため有酸素運動を行っていましたが、仕事が忙しくて長続きしませんでした。このポーズを週に２回始めたところ、３か月で血糖値が 142mg/dL から 86mg/dL に。体重も 80kg から 73kg に減り、おなか回りがすっきりしました。

S さん（63）

３年前は血糖値が 330mg/dLもあり、重度の糖尿病と診断されました。ところがこのポーズを続けたところ、最初の２か月で 160 mg/dL 以下に。あまりにも劇的な変化なのでビックリしました。３年たった今でも、このポーズと食事で血糖値をコントロールできています。

K さん（46）

この「謎のポーズ」とは？➡ P36

謎のポーズのスゴイところ

「糖尿病診療ガイドライン」で勧められている方法

標準的な糖尿病の運動療法

1 糖を減りやすくする「有酸素運動」

有酸素運動の目的は余分な脂肪を燃やして、糖を減らしやすくすること。余分な脂肪は筋肉による糖の取り込みをブロックして、使われにくくしてしまう。

目安
45分
×
週3回

2 糖が多く使われる「筋トレ」

筋トレの目的は筋肉量を増やして、糖をより多く使おうというもの。筋肉は糖をエネルギーにしているため、筋肉量が増えれば糖もその分多く使われることになる。

ズボラな人でも続けやすい

一方

謎のポーズによる運動療法

の場合は

20分
×
週2～3回

だけでOK!

糖が減りやすくなり、かつ多く使われる。

血糖値が上がりにくい体に変わった

3年前、血糖値が330mg/dLあったKさん（P34）の「24時間血糖値」。3年前（推測）*と比べてみると、全体的に血糖値が大きく下がっている。また、上昇しやすい食後血糖値の上がり具合も平坦で、血糖値が上がりにくい体に変わっていることが分かる。

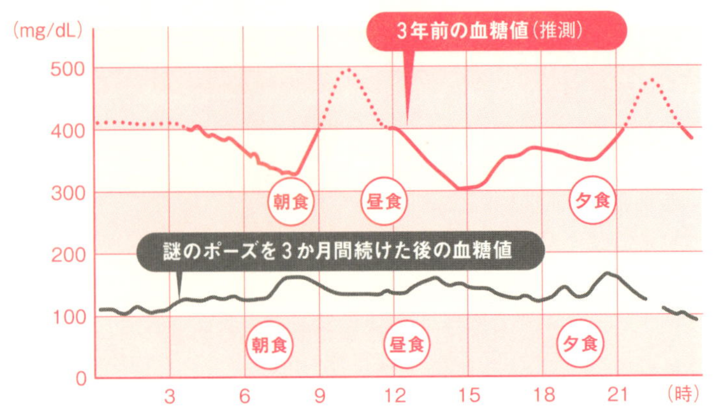

監修：東京慈恵会医科大学　西村理明教授

夢のような血糖値対策が生まれたのは郡山市

効果抜群の「謎のポーズ」とは、10秒かけてゆっくり腰を下ろしていく超スローなスクワットです。この運動を広めているのは福島県郡山市の個人病院の院長です。30年前、当時注目されていた有酸素運動を患者に勧めていましたが、「時間がなくて」「毎日は大変」などの理由で、なかなか継続してもらえませんでした。

そこで、もっと短い時間で効果が上がる運動はないものかと考えました。当時、趣味でやっていたボディービルは時間が短くてすむため、これをヒントに考案したのが、超スローなスクワット。1回20分×週2～3日やればよいというものです。患者さんに勧めたところ、3か月で多くの人の血糖値が改善したうえ、食事をしても血糖値が上がりにくい体に変わったのです。

*3年前のKさんのデータはないため、以前のKさんと同程度の血糖値である別の患者のデータを使用している。

糖も脂肪もダブルで消費

人間の筋肉は赤と白、2つの筋肉（筋線維）で構成されている。ところが超スローなスクワットを続けていると、白い筋肉に赤いミトコンドリアが増えて第三の筋肉、桃色筋肉*に変化。白と赤、2つの筋肉の働きを兼ね備えるようになる。

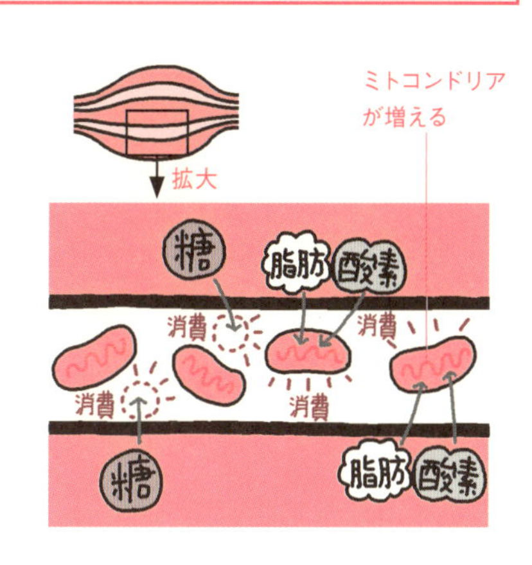

*「桃色筋肉」は正式な名称ではない。正式には「2a」や「FTa（Fast Twitch a）」と呼ばれている。

POINT

- 白い筋肉は糖を減らす
- 赤い筋肉は脂肪を減らす
- 桃色筋肉は脂肪と糖を減らす

白い筋肉が「桃色筋肉」に変化！脂肪も消費するように

なぜ超スローなスクワットにこれだけの効果があるのでしょうか。

人間の筋肉は赤い筋肉と白い筋肉が交じり合っています。有酸素運動で主に使うのは持久力に優れた赤い筋肉（遅筋）。酸素を使って脂肪を燃やし、エネルギーを生み出すミトコンドリアが数多く存在しています。一方、筋トレで主に使うのは瞬発力に優れた白い筋肉（速筋）。体内の糖を使って減らす働きがあります。

超スローなスクワットを続けていると、この白い筋肉に変化が現れます。筋線維の中に赤い色をしたミトコンドリアが増えていくため、白い筋肉は桃色に。白い筋肉が持っていた糖を使う力に、ミトコンドリアの脂肪を使う力も加わり、ダブルの効果で血糖値を下げるのです。

＼ 30年の実績！ ／

ガッテン命名！ “ピントレ”

福島県の病院（P36）で勧めている謎のポーズは、桃色筋肉を増やす筋トレ。名付けて“ピントレ”（ピンク筋増量トレーニング）。まずは3か月、やってみよう。正しく行わないと効果が上がらず、ケガをする恐れがあるので、気をつけて。

POINT

- ☑ 血圧の高い人、ひざの悪い人は、始める前に医師に相談すること
- ☑ 痛みが出たら、すぐ運動を中止する
- ☑ 飲酒後は行わない

1 スタート

足を肩幅よりも広く開き、つま先は30度くらい外に向ける。視線は正面に向ける。両腕は自然に両脇に下ろす。

2 腰をゆっくり下ろす

腕を前に出してバランスを取りながら、10 秒かけてゆっくりと腰を下ろしていく。息を止めると血圧が上がってしまうため、「1、2、3…」と声に出しながら行うこと。ひざを 90 度くらいに曲げたら、そのまま2秒間キープする。

3 姿勢を元に戻す

立ち上がり、元の姿勢に戻す。

足腰に不安のある人は
足腰に不安のある人や運動が苦手な人は、机といすを利用するとよい。

10 回続けてできない人は
足を大きく開くと負荷が軽くなる。できる範囲で 10 回を目指そう。

スクワット監修：京都医療センター　松井 浩研究員

GATTEN! HEALTH

筋肉&血管を強くする！

世界が証明した〝最強の寝たきり予防法〟

GATTEN!

新対策！

Q1. 寝たきりを防ぐ行動はどれ？

健康に問題のない160人をA、B、Cの3つのグループに分けて、ある行動を取ってもらったところ、1つのグループにだけ「寝たきりを防ぐ」よい変化が現れたという。それはどのグループ？

人に
親切にする

B グループ

世の中の
役に立つことをする

C グループ

自分が
うれしいことをする

A1. Aグループ

寝たきりを防ぐ重要なカギとなるのが体内の炎症を抑えること。「人に親切にする」ことで、体内の炎症を促す遺伝子の働きを抑えられることが明らかに！

「人に親切」で、体内の炎症を抑えられる

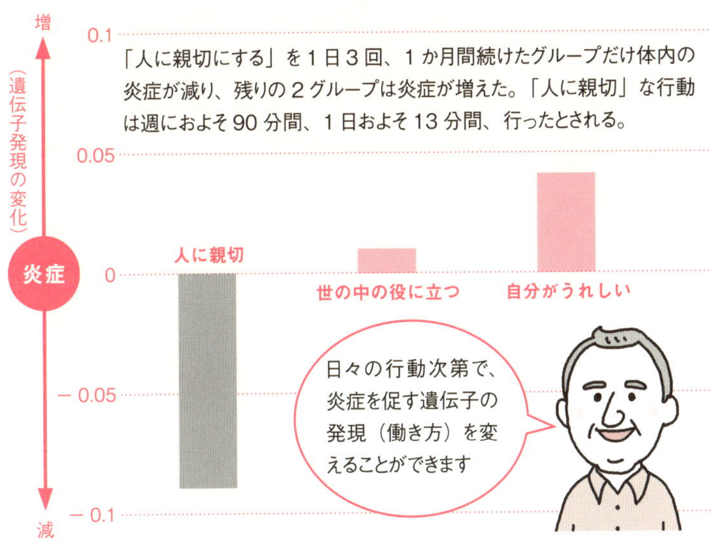

データ提供：カリフォルニア大学ロサンゼルス校　スティーブ・コール教授

アメリカ発！寝たきりを防ぐ方法

健康で長生きするため、ぜひ防ぎたい「寝たきり」。その大きな原因の1つが、体内の炎症だといわれています。

私たちの免疫細胞は、病原菌などと闘う際に「炎症モード」に入ります。しかしこのモードが長く続くと、筋肉をはじめ自分の体にもダメージが。血管へのダメージは心筋梗塞や脳梗塞などを、脳細胞へのダメージはアルツハイマー病などを招くおそれがあるのです。

ところが、アメリカの研究で「人に親切」な行動を取り続けたところ、炎症を促す遺伝子の働きが抑えられたというのです（上記）。太古の時代から人類は群れを作り、助け合ってきたため、親切が体によい影響をもたらすように進化してきたのではないかと考えられています。

最新の調査で判明

Q2. 寝たきりのリスクが高いのはどちら?

日頃からウォーキングなどの運動を積極的に行っている「夫」と、読書やコーラスなどの趣味が多く、仲間とのおしゃべりが好きな「妻」。健康チェックをした結果「将来の寝たきり度リスク」が高かったのは?

A2. 夫

意外にも、夫のほうが寝たきり度リスクが高かった。その理由は、「人とのつながり」が少なかったから……。一方、妻は運動好きではないが人とのつながりが多かったため、危険度は低かった。

つながりが少ない人はリスク大！「寝たきり危険度」

千葉県柏市の高齢者５万人を対象に「寝たきり危険度」を調べたところ、「運動だけあり」の人は、「つながりだけあり」の人に比べて危険度が高いことが分かった。

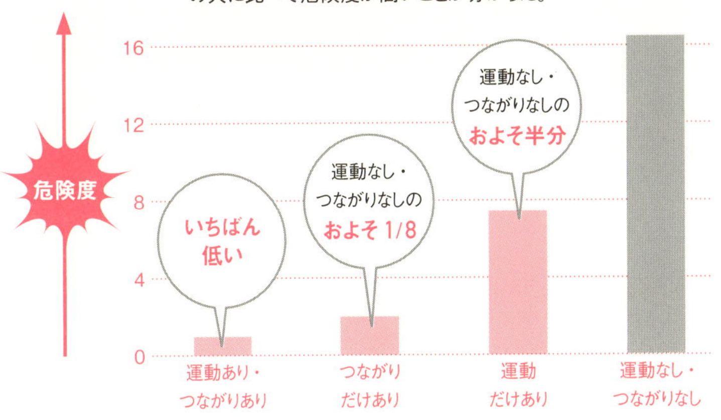

データ提供：東京大学高齢社会総合研究機構　飯島勝矢教授

世界的な研究や、日本でもつながりが大切なことが判明

世界的にも大きなインパクトを与えた研究に、世界中の148研究（対象約30万人）を再解析して、長生きに影響を与える要因を示したアメリカの報告があります。それによると、今まで重要と思われてきた「禁煙」「節酒」「運動」「肥満予防」を抑えて「人とのつながり」が1位でした。また、日本の最新研究でも「人とのつながり」が「運動」よりも寝たきりの危険度を下げることが明らかになっています（上記）。

週に1回、同居家族以外の人と外で会うだけでも、体の機能が衰えにくいことが多くの調査で分かっています。運動や禁煙も大切ですが、これからは人とのつながりにも意識を向けたいもの。運動も多くの人とワイワイ楽しみながら行うほうが、1人でやるよりも効果的です。

人とのつながりチェックシート

現在、自分がどの程度人とつながっているか、「つながり度合い」を測るチェックシートです。1つの目安にしてみましょう。チェックの結果、つながりが希薄だった人はお近くの地域包括支援センターに相談してみては？　現在、多くの自治体で「社会参加」の取り組みを進めているため、つながりを増やすきっかけになるかもしれません。

家族や友人について

該当する番号にチェックしてください

		0人	1人	2人	3〜4人	5〜8人	9人以上
1	少なくとも月に1回以上、顔を合わせる機会や消息を取り合う家族や親戚は何人くらいいますか	0 □	1 □	2 □	3 □	4 □	5 □
2	少なくとも月に1回以上、顔を合わせる機会や消息を取り合う友人は何人くらいいますか	0 □	1 □	2 □	3 □	4 □	5 □
3	あなたが個人的なことでも、気兼ねなく話すことができる家族や親戚は何人くらいいますか	0 □	1 □	2 □	3 □	4 □	5 □
4	あなたが個人的なことでも、気兼ねなく話すことができる友人は何人くらいいますか	0 □	1 □	2 □	3 □	4 □	5 □
5	あなたが手助けを求めることができるような、家族や親戚は何人くらいいますか	0 □	1 □	2 □	3 □	4 □	5 □
6	あなたが手助けを求めることができるような、友人は何人くらいいますか	0 □	1 □	2 □	3 □	4 □	5 □

★**12点以上は 人との関わりが維持できています**	【チェックマーク】を付けた数値の合計 □□ 点

考案：東京大学高齢社会総合研究機構　飯島勝矢教授

組織参加について

該当するほうにチェックしてください

1	老人会・老人クラブ	□はい	□いいえ
2	(老人会以外の) 健康・スポーツのサークル・団体	□はい	□いいえ
3	(老人会以外の) 学習・教養のサークル・団体	□はい	□いいえ
4	(老人会以外の) それ以外の趣味のサークル・団体	□はい	□いいえ
5	町内会・自治会	□はい	□いいえ
6	ボランティア団体	□はい	□いいえ
7	収入を伴う仕事	□はい	□いいえ
★**1点以上は組織参加ができています**		「はい」と答えた数 □点	

支え合いについて

該当するほうにチェックしてください

1	あなたの心配事や愚痴を聞いてくれる人がいますか	□はい	□いいえ
2	家事や買い物、用事の手伝い、介護・看病など、手助けをしてくれる人はいますか	□はい	□いいえ
3	誰かの心配事や愚痴を聞いていますか	□はい	□いいえ
4	誰かのために家事や買い物、用事の手伝い、介護・看病など、手助けをしていますか	□はい	□いいえ
★**4点は周囲の人と支え合えています**		「はい」と答えた数 □点	

コレステロールの救世主！

血管を掃除する秘策

GATTEN!

最新の研究で分かった

○○○で病気のリスクが大幅ダウン！

「奇跡の村」と呼ばれるイタリアのとある村には、悪玉コレステロールの値が高くても血管を若々しく保つことができる人たちがいる。彼らは遺伝的に善玉コレステロールの「吸う力」が強い、良質な善玉の持ち主なのだ。この「吸う力」を後天的に強くして質を高める方法が、最新の研究から分かってきた。

悪玉コレステロールの値が高いと
血液はドロドロ、
血管はボロボロになるおそれが……

悪玉コレステロールの値が高い人でも、
善玉コレステロールの「吸う力」がアップして
病気のリスクが半分以下に減少！

Q. その食材とは何でしょうか？

A. 青魚

コレステロールの善玉と悪玉の働き

そもそもコレステロールってどういうもの?

コレステロールは細胞膜などを作るために必要不可欠な物質で、血管を通って運ばれています。特に重要なのは悪玉コレステロール(LDL)と善玉コレステロール(HDL)で、悪玉が多くなりすぎるとコレステロールが血管壁にたまっていき、「プラーク」と呼ばれるコブのようなものになります。プラークのたまった血管内は狭く硬くなり、心筋梗塞や脳梗塞を起こしやすくなるのです。一方、善玉にはプラークから余分なコレステロールを回収し、血管を正常な状態に戻す働きがあります。

それなら善玉の量が多いほどよさそうですが、病気のリスクと善玉の関係性を調べてみると、それほど単純な話ではないことが、最新の研究で分かってきました。

脳梗塞発症リスクが半分以下に！　カギは吸う力

24年前に血しょうを採取した1,776人を調べたところ、「吸う善玉コレステロール」を持つ人のグループの脳梗塞のり患率は、「吸わない善玉」を持つ人のグループの4割程度しかないことが分かった。

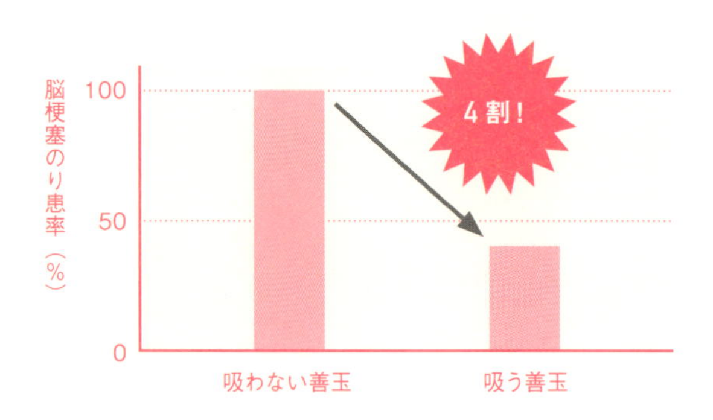

出典：小倉正恒ら　第50回日本動脈硬化学会総会・学術集会（2018年7月13日）

量だけではダメ!? 質のよい善玉がカギになる

大阪府の国立循環器病研究センターが、脳梗塞と善玉コレステロールの関係性を調べました（上記）。24年前に採取し、冷凍保存していた1776人分の血しょうを検査し、その後の脳梗塞のかかりやすさ（り患率）を検証するというものです。

まず、血しょうに含まれる善玉コレステロールの量と脳梗塞になった人の割合を調査したところ、善玉の量によるり患率に違いはないことが分かりました。

そこで、善玉コレステロールが余分なコレステロールを「吸う力（＝質）」を調べてみると、善玉コレステロールの吸う力が弱い場合は脳梗塞になりやすく、強い場合は脳梗塞になりにくいことが分かったのです。

＊現在、「吸う力」を測定できるのは、特別な研究機関だけ。ただし、一般の病院でも「吸う力」が検査できるように研究が進められている。

「吸う」理由を大調査！

コレステロールの値が少し気になる20～60代の男女50人の血液を採取し、それぞれの「善玉の吸う力」を調べた。神戸大学の研究グループが、吸う力の判断基準にしたのは「0.3」という数値。これを下回ると脳梗塞などの病気になるリスクが高まると考えられる。今回の調査では50人中19人、約4割が基準値未満だった。

吸う力が強い人と弱い人、何が違うの？

50人中吸う力が最も強かった人

体重：普通（BMI 23）*
飲酒：1日缶ビール1本
喫煙：なし
青魚：週に2～3回食べる

ココが違う！

Tさん（67）

50人中吸う力が最も弱かった人の1人

体重：普通（BMI 23）
飲酒：1日缶ビール1本
喫煙：なし
青魚：月に1回食べる

ココが違う！

Sさん（37）

青魚を食べる頻度が違った

実はEPA（エイコサペンタエン酸）が善玉の吸う力（質）を高めている。EPAはオメガ3脂肪酸という油の一種。青魚に多く含まれ、血液をサラサラにする働きがある。実際、血中のEPA濃度が高い人ほど、善玉の吸う力が強かった。

*成人はBMI（体格指数）で肥満の判定を行う。BMI 18.5以上25未満が普通体重、25以上は肥満。
求め方　BMI＝体重（kg）÷身長（m）の2乗

実験協力：神戸大学医学部立証検査医学分野　杜 隆嗣准教授

青魚を毎日食べてみると……

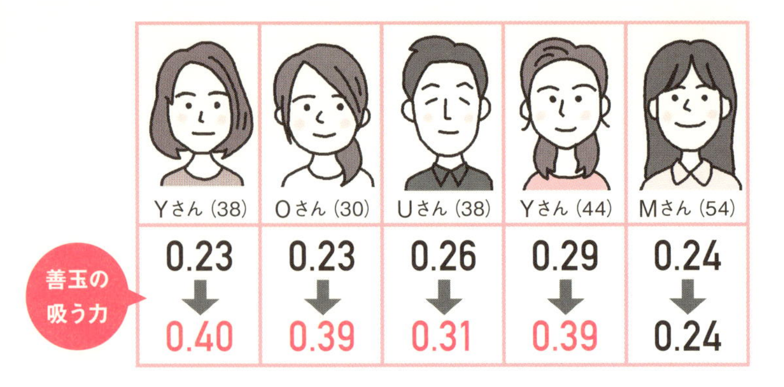

2週間後、5人中4人の「善玉の吸う力」がアップ！

＊食事による血中EPAの濃度の変化には個人差がある。

善玉の吸う力を上げたのは青魚の油「EPA」

P49の善玉の吸う力が弱かった5人に2週間、毎日1食、EPAが多く含まれる青魚（缶詰を含む）をメニューに加えてもらいました。

その結果、5人中4人の善玉の吸う力が「基準値の0・3」以上に（上記）。善玉の吸う力が向上、質が改善されたのです。

では、なぜ青魚にEPAが豊富なのでしょうか。それは、さばやいわしなど青魚が寒い海を回遊しているからです。冷たい海流に豊富にいる植物プランクトンは、細胞自体をしなやかに保つために、体内でEPAを作り出しています。それを主食にしている青魚もEPAを多く含むのです。さらにその青魚を人間が食べることで血中EPA濃度が高くなり、善玉の吸う力が強くなったと考えられます。

やってみよう

ガッテン流

お勧めの食べ方はコレ！

刺身で

青魚は刺身で食べるのがお勧め。さらに、EPAの酸化を防ぐオリーブ油をかけたカルパッチョにすれば最強！

缶詰で

そのまま食べてもよし、いろいろアレンジしてもよし。

缶詰のアレンジメニュー

ひっぱりうどん
山形県の郷土料理。さば水煮の缶詰と納豆やねぎ、生卵などを混ぜ合わせたものに、ゆでたうどんをからませていただく。

さばの缶詰の天ぷら
さばの水煮を一口大に切って小麦粉をまぶし、青じそとのりを巻いてから衣を付けて揚げる。

青魚を増やすのは簡単 肉を魚に替えるだけ！

青魚を食事に多く取り入れることで善玉の吸う力が強まることが、実験から分かりました。ふだんの食事メニューを肉から魚に置き換えるだけで、悪玉コレステロールの値を減らす効果も期待できます。P49で紹介した調査によると、50人中一番善玉の吸う力が強かった人は週に2〜3回青魚を食べていたので、これを目安にしてもよいでしょう。

青魚であれば、さばやいわし、さんま、あじなど、何でもかまいません。EPAは加熱すると酸化しやすいため、生で食べることをお勧めします。生で食べるのが難しい場合は、缶詰でもよいでしょう。P50で紹介した実験では、さば缶でとる場合は「1日に1/4缶」の量を勧めていました。

最新の研究で判明

慢性腎臓病に「運動」が効いた!?

新たな国民病とも言われる慢性腎臓病。慢性腎臓病の人は一般的に、食事療法や薬物療法をきちんと行っていても少しずつ腎機能が落ちてしまう。しかし、運動療法を取り入れたところ、なんと約81％の人によい効果が現れた！

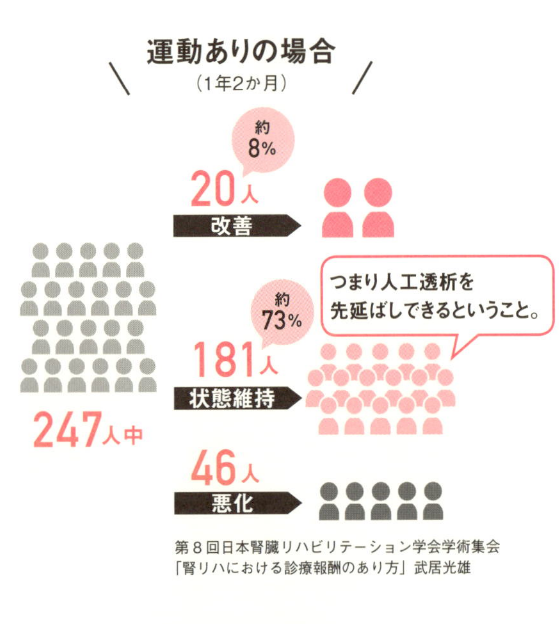

運動なしの場合
（イメージ）

ほぼ全員が悪化

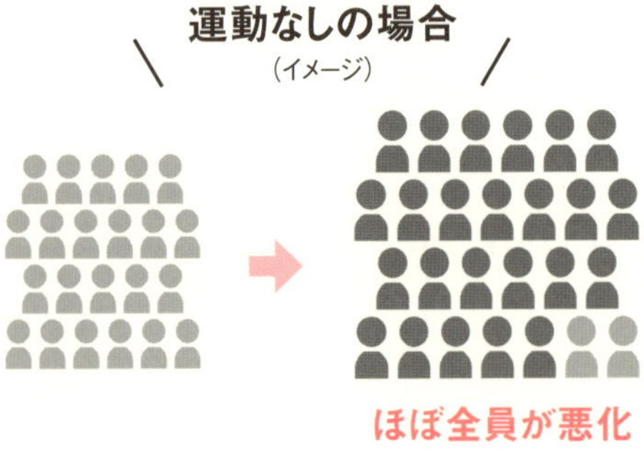

適度な運動をしたほうが、腎臓へのダメージが少ない

日本人医師が世界に先駆けて「運動したほうが腎臓に与えるダメージが少ない」ことをデータで示した実験。

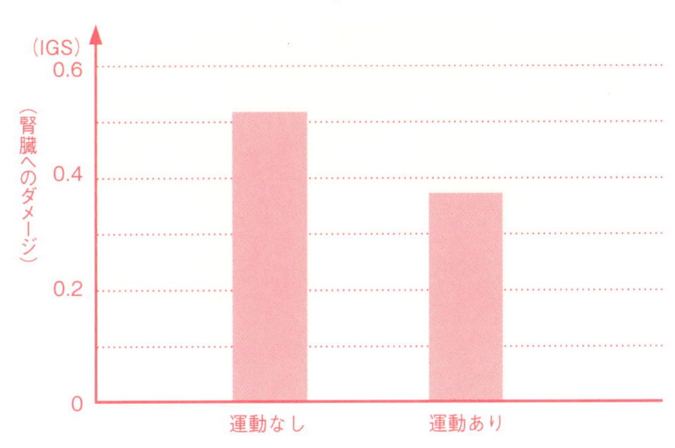

出典：Kohzuki et al. Journal of Hypertension 2001

運動制限から運動療法へコペルニクス的大転回

これまで慢性腎臓病の治療では、腎臓に負担をかけるということで、運動を制限するのが一般的でした。しかし近年、適度な運動には腎臓の負担を軽減する働きがあることが分かってきました。食事療法や薬物療法に加えて運動も積極的に行う「腎臓リハビリテーション」という考えも広がりつつあります。

このきっかけをつくったのが、ある日本の医師です。かつては、運動制限の結果、患者が寝たきりになるケースが少なくありませんでした。そこで、「運動は本当にいけないのか」という疑問から実験を繰り返したところ、むしろ適度な運動は腎臓を保護するという結果に。今ではガイドライン*に「運動制限から運動療法へ」と明記されるまでになったのです。

＊2018年腎臓リハビリテーションガイドライン

「腎臓の構造」はこうなっている

腎臓の糸球体を拡大すると

腎臓の毛細血管の上には「タコ足細胞」がたくさんのっている。

画像提供：旭川医科大学　甲賀大輔准教授／NHK

＼ さらに足を拡大すると ／

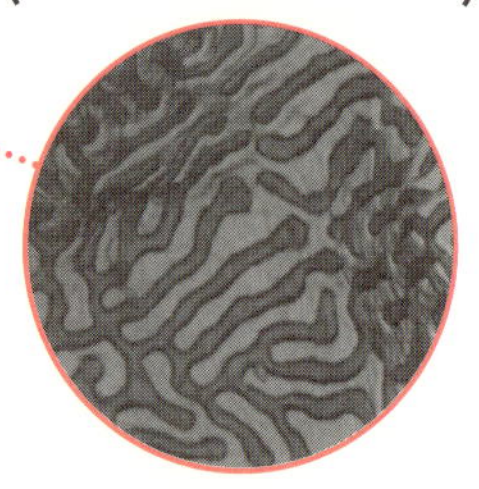

2つの細胞の足と足が互い違いに組み合わさっている。足と足の間にはわずかな隙間があいている。

画像提供：順天堂大学　市村浩一郎准教授

そもそも慢性腎臓病とはどのような病気か？

腎臓の最大の役割は、血液から老廃物をこし取って尿を作ることです。これを担うのが「タコ足細胞」と呼ばれる細胞です（上記）。

通常、タコ足細胞は腎臓の毛細血管が球状になった糸球体の上にたくさんはり付いています。足と足の間にはわずかな隙間があり、血液中の老廃物などを血管の外へ排出します。一方、比較的大きなたんぱく質などは隙間から出ることはありません。

しかし、血圧上昇などの負担がかかり続けるとタコ足細胞が剝がれてしまい、こうしたろ過をコントロールできなくなります（P55）。慢性腎臓病はこのタコ足細胞が剝がれてどんどんいなくなってしまう病気。体内に老廃物がたまり、最悪の場合、死に至ることさえあるのです。

腎臓病発症のメカニズム

タコ足細胞に負担をかける原因

- 加齢
- 高血圧、高血糖
- たんぱく質のとりすぎ、老廃物がたくさん出る　など

病気発症

- タコ足細胞に負担がかかり続けると、毛細血管から剝がれてしまう。
- ろ過がうまくできなくなって、たんぱく質が尿と一緒に排出されたり、老廃物が血液中に残ってしまう。

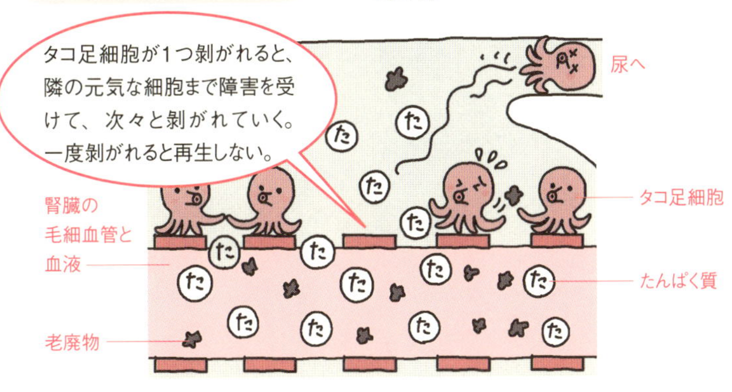

なぜ今までは運動を制限してきたのか？

今まで慢性腎臓病の患者には「仕事は座って行うものに、家事はごく軽いものにしましょう。いわゆる運動はやめましょう」などと運動を制限してきましたが、それはなぜでしょう。

実は健康な人でも運動すると尿にたんぱくが混ざることがあります。そのことから、運動は腎臓に負担をかけるのではないかと考えられてきました。運動をしていないときにはブロックできていたたんぱく質が、タコ足細胞の隙間を無理やりすり抜けてしまうということは、タコ足細胞が上手にろ過をできなくなっている証拠だと考えたのです。

しかし、運動後、たんぱく尿が出てもそれは一時的なこと。24時間の尿をためた検査では、尿たんぱくは増えないことが分かっています。

やってみよう

始めよう！

息が上がらない程度の運動

お勧めの運動は、軽い散歩、軽い自転車こぎ、軽い筋トレなど。息が上がらない程度の有酸素運動を暮らしの中に取り入れて、継続することが腎臓を守る秘けつになる。

注意

慢性腎臓病に激しい運動はNG。また、体の状態によっては運動してはいけない場合もある。必ず医師と相談のうえ、運動を始めること。例えば慢性腎臓病で急激に腎機能が落ちている人や、急性腎臓病の人はしないほうがよい。

運動で慢性腎臓病が改善・維持できるワケ

慢性腎臓病の治療に適度な運動が効果を上げる理由は、まだ十分に解明されていませんが、分かってきたことが2つあります。

まず運動することで一酸化窒素が出て毛細血管が広がります。血管が広がると血液の流れがよくなり、圧力も弱まるため、タコ足細胞にかかる負担が軽減。血管内の血液をろ過しやすくなるのではないかというのです。

また、タコ足細胞の負担が減ると、弱っているタコ足細胞が元気になる可能性があると考えられています。元気になったタコ足細胞は剝がれたタコ足細胞の代わりとなって、足を長く伸ばしていきます。そして、たんぱく質などの成分は逃がさず、老廃物は排出できる隙間を再生するというわけです。

知って
おこう

＼ 健康診断結果で ／

腎臓をセルフチェック

慢性腎臓病は自覚症状がほとんどない。そこで健康診断表から腎臓の状態をチェックする方法をご紹介。ぜひ早期発見に役立ててほしい。

❶まず「尿のたんぱく」を見る

尿検査の「たんぱく」の項目をチェック。下記の図を目安にかかりつけ医に相談しよう。

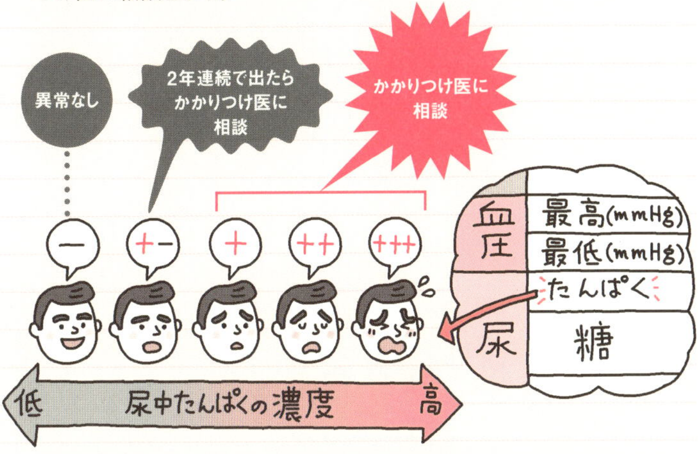

❷「血清クレアチニン」と年齢で腎臓の働きを点数化

さらに詳しく見るための指標が、血液検査で分かる「血清クレアチニン*」。この値と年齢を組み合わせることで、腎臓がどの程度働いているかを点数化して見ることができる。「腎臓の働き早見表」（P58）で、クレアチニンの数値と年齢がぶつかったところが自分の「腎臓の点数」になる。60点未満の人は慢性腎臓病の疑いがあるので、かかりつけ医に相談しよう。

*「血清クレアチニン」は、人間ドックの検査項目には基本的に含まれている。自治体や会社の健康診断の血液検査項目に含まれていることもある。

腎臓の働き早見表 男性

CKD 診療ガイド 2012 より（一部改変）

軽度～ 中度低下　中度～ 高度低下　高度低下　末期腎不全

(mg/dL)

クレアチニン	年齢（歳）													
	20	25	30	35	40	45	50	55	60	65	70	75	80	85
0.60	143.6	134.7	127.8	122.3	117.7	113.8	110.4	107.4	104.8	102.4	100.2	98.3	96.5	94.8
0.70	121.3	113.8	108.0	103.3	99.4	96.1	93.3	90.7	88.5	86.5	84.7	83.0	81.5	80.1
0.80	104.8	98.3	93.3	89.3	85.9	83.1	80.6	78.4	76.5	74.7	73.2	71.7	70.4	69.2
0.90	92.1	86.4	82.0	78.5	75.5	73.0	70.8	68.9	67.2	65.7	64.3	63.1	61.9	60.8
1.00	82.1	77.0	73.1	69.9	67.3	65.1	63.1	61.4	59.9	58.5	57.3	56.2	55.2	54.2
1.10	74.0	69.4	65.9	63.0	60.6	58.6	56.9	55.3	54.0	52.7	51.6	50.6	49.7	48.8
1.20	67.3	63.1	59.9	57.3	55.1	53.3	51.7	50.3	49.1	48.0	46.9	46.0	45.2	44.4
1.30	61.6	57.8	54.9	52.5	50.5	48.8	47.4	46.1	45.0	43.9	43.0	42.2	41.4	40.7
1.40	56.8	53.3	50.6	48.4	46.6	45.0	43.7	42.5	41.5	40.5	39.7	38.9	38.2	37.5
1.50	52.7	49.4	46.9	44.9	43.2	41.8	40.5	39.4	38.4	37.6	36.8	36.1	35.4	34.8
1.60	49.1	46.1	43.7	41.8	40.2	38.9	37.7	36.7	35.8	35.0	34.3	33.6	33.0	32.4
1.70	46.0	43.1	40.9	39.1	37.7	36.4	35.3	34.4	33.5	32.8	32.1	31.4	30.9	30.3
1.80	43.2	40.5	38.4	36.8	35.4	34.2	33.2	32.3	31.5	30.8	30.1	29.5	29.0	28.5
1.90	40.7	38.2	36.2	34.6	33.3	32.2	31.3	30.4	29.7	29.0	28.4	27.8	27.3	26.9
2.00	38.5	36.1	34.2	32.8	31.5	30.5	29.6	28.8	28.1	27.4	26.8	26.3	25.8	25.4
2.10	36.5	34.2	32.5	31.1	29.9	28.9	28.0	27.3	26.6	26.0	25.5	25.0	24.5	24.1
2.20	34.7	32.5	30.9	29.5	28.4	27.5	26.6	25.9	25.3	24.7	24.2	23.7	23.3	22.9
2.30	33.0	31.0	29.4	28.1	27.1	26.2	25.4	24.7	24.1	23.5	23.0	22.6	22.2	21.8
2.40	31.5	29.6	28.0	26.8	25.8	25.0	24.2	23.6	23.0	22.5	22.0	21.6	21.2	20.8
2.50	30.1	28.3	26.8	25.7	24.7	23.9	23.2	22.5	22.0	21.5	21.0	20.6	20.2	19.9
2.60	28.9	27.1	25.7	24.6	23.7	22.9	22.2	21.6	21.1	20.6	20.2	19.8	19.4	19.1
2.70	27.7	26.0	24.7	23.6	22.7	21.9	21.3	20.7	20.2	19.8	19.3	19.0	18.6	18.3
2.80	26.6	25.0	23.7	22.7	21.8	21.1	20.5	19.9	19.4	19.0	18.6	18.2	17.9	17.6
2.90	25.6	24.0	22.8	21.8	21.0	20.3	19.7	19.2	18.7	18.3	17.9	17.5	17.2	16.9
3.00	24.7	23.2	22.0	21.0	20.2	19.6	19.0	18.5	18.0	17.6	17.2	16.9	16.6	16.3
3.10	23.8	22.3	21.2	20.3	19.5	18.9	18.3	17.8	17.4	17.0	16.6	16.3	16.0	15.7
3.20	23.0	21.6	20.5	19.6	18.9	18.2	17.7	17.2	16.8	16.4	16.1	15.7	15.5	15.2
3.30	22.2	20.9	19.8	18.9	18.2	17.6	17.1	16.6	16.2	15.9	15.5	15.2	14.9	14.7
3.40	21.5	20.2	19.2	18.3	17.6	17.1	16.5	16.1	15.7	15.3	15.0	14.7	14.5	14.2
3.50	20.9	19.6	18.6	17.8	17.1	16.5	16.0	15.6	15.2	14.9	14.6	14.3	14.0	13.8
3.60	20.2	19.0	18.0	17.2	16.6	16.0	15.5	15.1	14.8	14.4	14.1	13.8	13.6	13.3
3.70	19.6	18.4	17.5	16.7	16.1	15.5	15.1	14.7	14.3	14.0	13.7	13.4	13.2	13.0
3.80	19.1	17.9	17.0	16.2	15.6	15.1	14.7	14.3	13.9	13.6	13.3	13.0	12.8	12.6
3.90	18.5	17.4	16.5	15.8	15.2	14.7	14.2	13.9	13.5	13.2	12.9	12.7	12.4	12.2
4.00	18.0	16.9	16.0	15.3	14.8	14.3	13.9	13.5	13.1	12.8	12.6	12.3	12.1	11.9

腎臓の働き早見表 女性

【年齢の見方】年齢表記は5歳刻みのため、自分の年齢が中間にある場合は、「一番近い年齢」の欄を見る。例えば42歳の場合は「40歳」を、43歳の場合は「45歳」を見る。

(mg/dL)

クレアチニン	年齢（歳）													
	20	25	30	35	40	45	50	55	60	65	70	75	80	85
0.60	106.1	99.5	94.5	90.4	87.0	84.1	81.6	79.4	77.4	75.7	74.1	72.6	71.3	70.0
0.70	89.6	84.1	79.8	76.3	73.5	71.0	68.9	67.1	65.4	63.9	62.6	61.3	60.2	59.2
0.80	77.5	72.7	68.9	66.0	63.5	61.4	59.5	57.9	56.5	55.2	54.1	53.0	52.0	51.1
0.90	68.1	63.9	60.6	58.0	55.8	54.0	52.3	50.9	49.7	48.6	47.5	46.6	45.7	45.0
1.00	60.7	56.9	54.0	51.7	49.7	48.1	46.6	45.4	44.3	43.3	42.4	41.5	40.8	40.1
1.10	54.7	51.3	48.7	46.6	44.8	43.3	42.0	40.9	39.9	39.0	38.2	37.4	36.7	36.1
1.20	49.7	46.6	44.2	42.3	40.7	39.4	38.2	37.2	36.3	35.4	34.7	34.0	33.4	32.8
1.30	45.5	42.7	40.5	38.8	37.3	36.1	35.0	34.1	33.2	32.5	31.8	31.2	30.6	30.1
1.40	42.0	39.4	37.4	35.8	34.4	33.3	32.3	31.4	30.6	29.9	29.3	28.7	28.2	27.7
1.50	38.9	36.5	34.7	33.2	31.9	30.9	29.9	29.1	28.4	27.8	27.2	26.6	26.2	25.7
1.60	36.3	34.0	32.3	30.9	29.7	28.8	27.9	27.1	26.5	25.9	25.3	24.8	24.4	24.0
1.70	34.0	31.9	30.2	28.9	27.8	26.9	26.1	25.4	24.8	24.2	23.7	23.2	22.8	22.4
1.80	31.9	29.9	28.4	27.2	26.1	25.3	24.5	23.9	23.3	22.7	22.3	21.8	21.4	21.1
1.90	30.1	28.2	26.8	25.6	24.6	23.8	23.1	22.5	21.9	21.4	21.0	20.6	20.2	19.8
2.00	28.4	26.7	25.3	24.2	23.3	22.5	21.9	21.3	20.7	20.3	19.8	19.5	19.1	18.8
2.10	26.9	25.3	24.0	23.0	22.1	21.4	20.7	20.2	19.7	19.2	18.8	18.4	18.1	17.8
2.20	25.6	24.0	22.8	21.8	21.0	20.3	19.7	19.2	18.7	18.3	17.9	17.5	17.2	16.9
2.30	24.4	22.9	21.7	20.8	20.0	19.3	18.8	18.2	17.8	17.4	17.0	16.7	16.4	16.1
2.40	23.3	21.8	20.7	19.8	19.1	18.5	17.9	17.4	17.0	16.6	16.3	15.9	15.6	15.4
2.50	22.3	20.9	19.8	19.0	18.3	17.6	17.1	16.7	16.2	15.9	15.5	15.2	15.0	14.7
2.60	21.3	20.0	19.0	18.2	17.5	16.9	16.4	16.0	15.6	15.2	14.9	14.6	14.3	14.1
2.70	20.5	19.2	18.2	17.4	16.8	16.2	15.7	15.3	14.9	14.6	14.3	14.0	13.8	13.5
2.80	19.7	18.5	17.5	16.8	16.1	15.6	15.1	14.7	14.4	14.0	13.7	13.5	13.2	13.0
2.90	18.9	17.8	16.9	16.1	15.5	15.0	14.6	14.2	13.8	13.5	13.2	13.0	12.7	12.5
3.00	18.2	17.1	16.2	15.5	15.0	14.5	14.0	13.6	13.3	13.0	12.7	12.5	12.3	12.0
3.10	17.6	16.5	15.7	15.0	14.4	13.9	13.5	13.2	12.8	12.5	12.3	12.0	11.8	11.6
3.20	17.0	15.9	15.1	14.5	13.9	13.5	13.1	12.7	12.4	12.1	11.9	11.6	11.4	11.2
3.30	16.4	15.4	14.6	14.0	13.5	13.0	12.6	12.3	12.0	11.7	11.5	11.2	11.0	10.9
3.40	15.9	14.9	14.2	13.5	13.0	12.6	12.2	11.9	11.6	11.3	11.1	10.9	10.7	10.5
3.50	15.4	14.5	13.7	13.1	12.6	12.2	11.8	11.5	11.2	11.0	10.8	10.5	10.4	10.2
3.60	14.9	14.0	13.3	12.7	12.2	11.8	11.5	11.2	10.9	10.7	10.4	10.2	10.0	9.9
3.70	14.5	13.6	12.9	12.4	11.9	11.5	11.1	10.8	10.6	10.3	10.1	9.9	9.7	9.6
3.80	14.1	13.2	12.5	12.0	11.5	11.2	10.8	10.5	10.3	10.0	9.8	9.6	9.5	9.3
3.90	13.7	12.8	12.2	11.7	11.2	10.8	10.5	10.2	10.0	9.8	9.6	9.4	9.2	9.0
4.00	13.3	12.5	11.9	11.3	10.9	10.6	10.2	10.0	9.7	9.5	9.3	9.1	8.9	8.8

人類共通の〝欠点〟が原因!?

おしっこの悩み大改善

GATTEN!

ある筋肉のたるみが関係

尿漏れ、残尿感、下腹部の違和感

２年ほど前から、ちょっと運動したりすると尿漏れするように。以前は体を動かすのが大好きでしたが、いつ漏れるか分からないため、あまり体を動かさなくなりました。

Yさん（50代）

残尿感に悩んでいます。トイレを済ませた後も、まだムズムズしていてスッキリしない感じ……。いつまでも尿意がなくならず、すぐトイレに行ける場所でないと外出できなくなりました。

Tさん（50代）

股にピンポン玉を挟んでいるような違和感が一日中あります。立ったり歩いたりすると悪化。気になって頭から離れないので、普通の生活を送りにくくなりました。

Tさん（60代）

ケース MRI（磁気共鳴画像装置）で見ると、ぼうこうが変形！

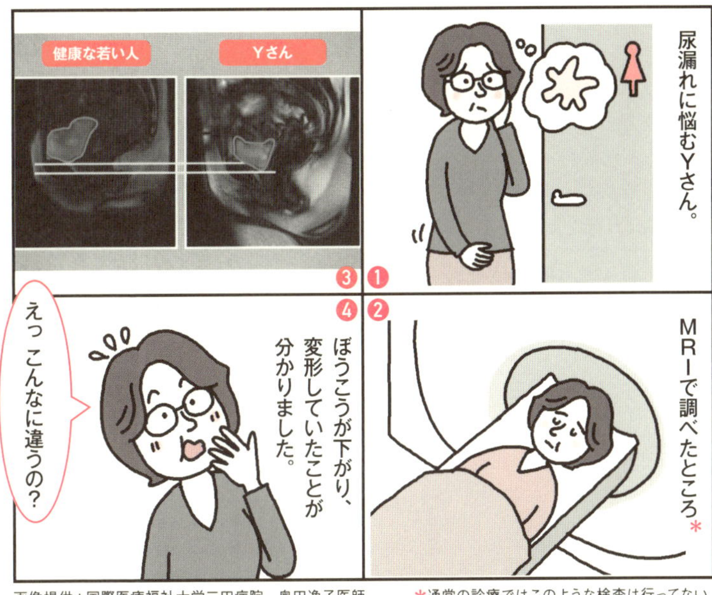

画像提供：国際医療福祉大学三田病院　奥田逸子医師

＊通常の診療ではこのような検査は行ってない。

原因は人類の直立二足歩行と大きな頭にあり!?

尿漏れ、残尿感、下腹部の違和感といった悩みは、人類の進化の宿命ともいえるでしょう。まず、人類が直立二足歩行に進化した際、骨盤が内臓を下から受け止めるような形に。一方、脳の大きな赤ちゃんの頭の大きさに合わせて、骨盤の底（骨盤入口）が広がったと考えられています。その結果、ぼうこうなどの内臓が骨盤の底までずり落ちて下がり、押し合って変形しやすくなったのです。

ぼうこうの位置が下がると、尿道につながる出口が緩くなり、おなかに少し力が入るだけで尿漏れしたり、逆にうまく尿を出し切れず、残尿感に悩まされたりします。また、ぼうこうの変形が進むと、股にピンポン玉を挟んでいるような違和感を覚える場合もあります。

＊尿漏れや残尿感などのおしっこにまつわる悩みの原因は、この他にも「過活動ぼうこう」などいろいろある。気になる人は早めに泌尿器科へ相談を。

＼ 3秒「キュッ」で劇的改善 ／

内臓リフトアップ体操

広がった骨盤の底には、ぼうこうなどの内臓を支えている骨盤底筋という筋肉がある。この骨盤底筋が主に出産などで傷つくと、尿漏れなどに悩まされやすくなる。P60の3人も出産経験のある人たちだった。
骨盤底筋を鍛える体操で、症状の改善を目指そう。毎日行うと3か月ほどで効果を実感できるようになるはずだ。

1 全身の力を抜いてリラックスする。ゆっくり息を吸う。

筋肉をおなかの中に引っ張り上げるように意識して。

2 ゆっくり息を吐きながら3秒ほど「お尻の穴の筋肉」をキュッと締め続ける。お尻の穴の筋肉とは、おならを我慢するときに使う筋肉。

座ったり、
寝た状態で
行ってもOK。

3 力を抜いてリラックスする。

1～3を10回で1セットとし、1日2セット以上を目標にして行う。「料理をしながら」「歯を磨きながら」など、生活の中にこの体操を取り入れるとよい。

 Yさん、 Tさん、 Tさんは

1か月で自覚症状が改善！

- 骨盤底筋を鍛える体操には、回数や時間などが異なる、さまざまなやり方がある。
- 骨盤底筋の神経などに障害がある人は、体操の効果が出ない可能性がある。手術が必要な場合もあるため、気になる人は泌尿器科へ。
- 男性も利用する泌尿器科には行きにくいという女性は、泌尿器科と婦人科の機能を併せ持つ「女性泌尿器科外来（“ウロギネ外来”とも）」に相談してみても。全国に70か所以上ある。

海外でも内臓リフトアップ体操の効果を確認！

海外でも、尿漏れ、残尿感、下腹部の違和感を持つ患者225人に6か月間、内臓リフトアップ体操を行ってもらったところ、すべての項目で症状が改善したという結果が出ている。

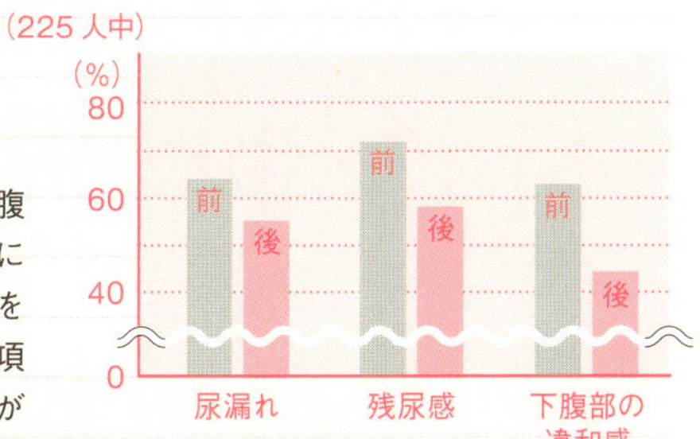

出典：Hagen S et al. Lancet 2014

「出産」以外にもこんな人は要注意！

出産経験がなくても骨盤底筋が傷つき、たるんでしまうことがある。下記に当てはまる人は注意が必要だ。

前立腺の手術経験がある男性も

日常生活を送るだけで尿漏れになるおそれが⁉

人によっては、日常生活を送るだけでおなかの中の圧力「腹圧」が高まり、骨盤底筋を圧迫してしまう場合があります。まず、挙げられるのが便秘。トイレでいつもおなかに力を入れていきんでいると、骨盤底筋に圧力をかけ続けることになり、骨盤底筋が傷みやすくなります。

また、花粉症やぜんそくなどでせきがよく出る人も注意が必要です。せきは全身の筋肉を使うため、腹圧も上昇。骨盤底筋を圧迫して、負担をかけてしまいがちです。さらに、肥満は脂肪がおなかの中を圧迫するため、腹圧の上昇を招き、骨盤底筋が傷みやすくなります。そのため、これらの人は原因となる症状や病気を改善したり、減量することが骨盤底筋を守ることにつながります。

＼ ちょっとしたことで大きく変わる ／

簡単たるみ予防法

骨盤底筋を守るために、日頃から「腹圧」をいかに少なくするか気を付けたい。特に圧力がかかりやすい場面での腹圧を減らすコツをご紹介。

取材協力：埼玉医科大学泌尿器科　朝倉博孝教授
日本ガスケアプローチ協会

トイレでいきむとき

手を上げていきむだけで、圧力が半分以下に。

重い荷物を持ち上げるとき

背筋を伸ばして持ち上げるだけで圧力が約３割減に。

NG!
Good!
ただし、背中の反らせすぎに注意！腰を痛めるおそれがある。

GATTEN! HEALTH

慢性痛・しびれが改善！逆子も治る!?

東洋の神秘「はり治療」

体とツボの関係

ツボはできるもの!?

はりのスペシャリストが
ツボを指で押していくと……

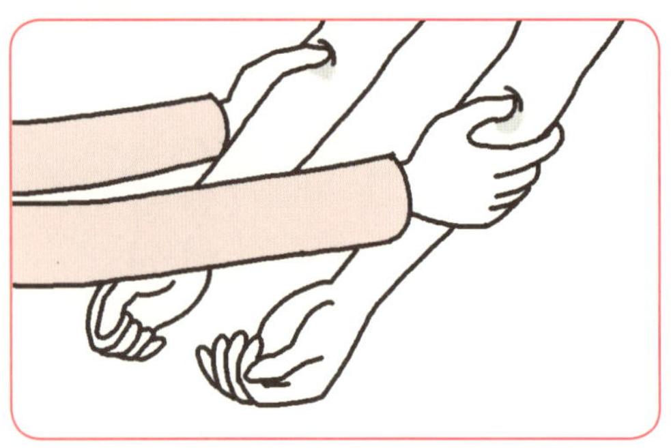

ツボができている

ツボができていない

ツボは体に不調が
あると現れるもの
なのです。

中国きってのはりの名手

長い年月をかけ体系化されたツボ

“ツボ発見”物語

❶昔、中国でひどい頭痛に悩んでいた人が歩いていると、石につまずいて足に傷を負ってしまった。

❷ところが、不思議なことに頭痛は治ってしまった。

それ以来、中国でははりを体に打って起こる「反応」を診るようになり、それを長い年月かけて積み重ね、ツボの体系を作り上げたといわれている。

＊諸説ある。

世界でも活用！研究が進む、はり治療

日本や中国では昔からおなじみのはり治療ですが、いまや世界でも活用されています。例えば２０１０年のハイチ大地震では、医薬品不足の中、はり治療が行われ、多くの人の痛みを和らげました。ＷＨＯ（世界保健機関）でも、２００６年の経穴部位国際標準化公式会議で、３６１か所のツボの位置が世界標準＊として統一されています。

一方で、「なぜ、ツボにはりを打っただけで効くのか？　理由が分からないので怪しい」などと感じている人も少なくありません。実際、はり治療のメカニズムについては十分に解明されているわけではありませんが、世界中で研究は進んでいます。その中からツボの正体についての有力な説をご紹介しましょう。

＊流派によってツボの数は異なる。

ツボの正体とは何なのか？

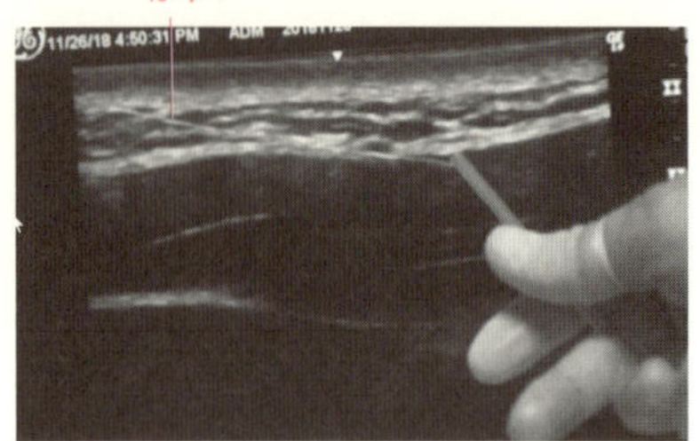

実験協力：東京有明医療大学

はりが刺しているのは「筋膜」!?

はりが的確にツボに刺さると、筋肉がピクッと反応する。そのときの様子を超音波検査の画像で見ると、はりは白い層（筋膜）を刺していた。

筋膜とは？

筋肉は1本1本の細い線維の集まり。それらがバラバラにならないように包んでいるのが筋膜で、筋膜同士もつながっている。例えば、鶏肉の皮をめくると肉との間に薄い膜があるが、これが筋膜。

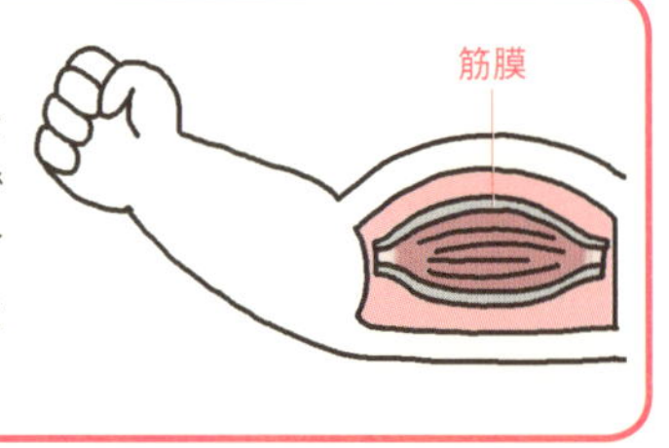

シワ

筋膜のシワは痛みの原因に

無理な姿勢を続けるなどしてその部位の血行が悪くなると、筋膜にシワが寄ってしまう。筋膜には痛みを感じる受容体が密集しているため、シワが寄ると痛みが生じる。

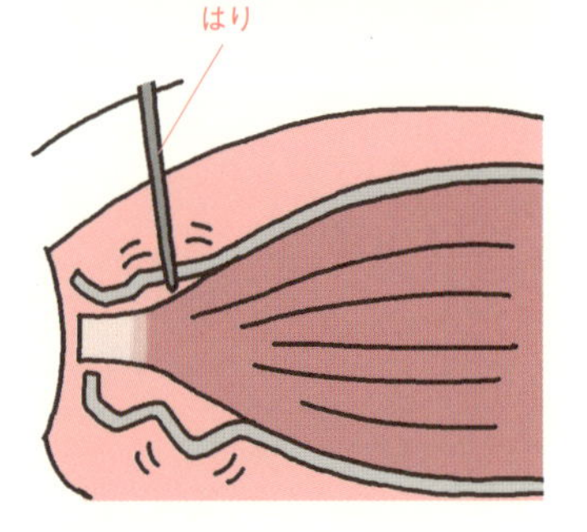

はりで痛みが消える理由

シワの寄った筋膜にはりを刺すと、小さな傷ができ、それを治すために血流が増える。血流がよくなってシワが消えると痛みも消えると考えられている。

筋膜のつながりとツボ

筋膜のつながりと経絡を比べてみると

経絡(けいらく)とは、中国に古くから伝わるツボ同士のつながりのこと。比べてみると経絡と筋膜のつながりが非常によく似ていることが分かってきた。

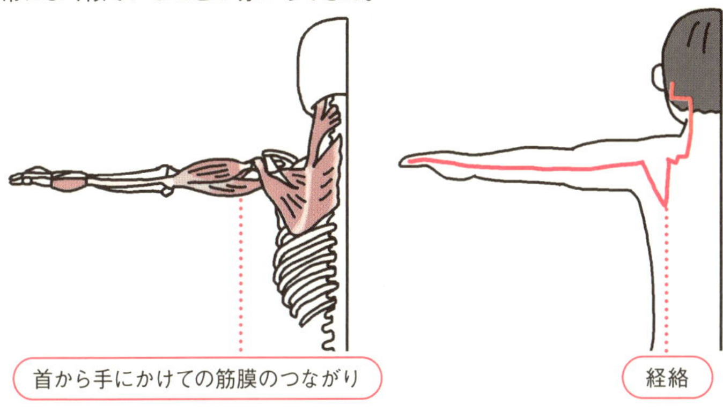

参考資料：Thomas W. Myers「Anatomy Trains」

最新研究から明かされた「ツボの正体は筋膜」説

はり治療の一番の謎は、ツボの正体かもしれません。ツボとは、果たして何なのか？　さまざまな説があり、未解明な部分も多いのですが、有力な説の1つとして浮上しているのが「筋膜のシワ」です。

番組で行った超音波検査画像を使った実験でも、はりが的確にツボを捉えたとき、筋膜を刺していることが分かりました（P68）。また、筋膜のつながりとツボのつながりが非常によく似ていることも分かってきました（上記）。こうしたことから、「筋膜のシワが寄る場所がツボ」と考える説が注目されているのです。

ただし、神経が集まる場所など、筋膜以外のツボもあります。ツボの解明はまだ研究途中といえます。

なぜ離れたところのツボが効くのか？

逆子の治療

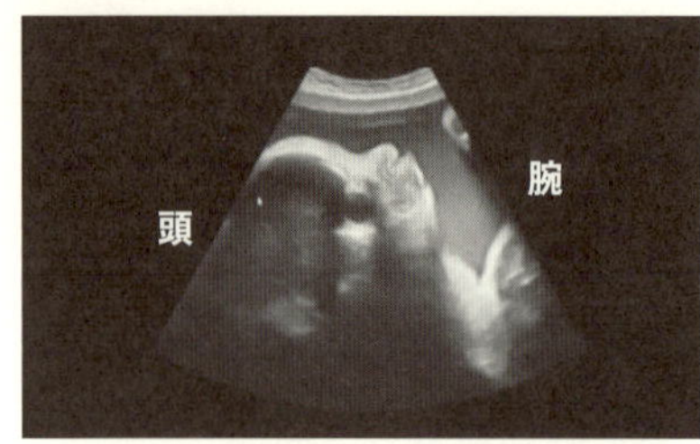

逆子の赤ちゃん。超音波画像で見ると頭が左にある。

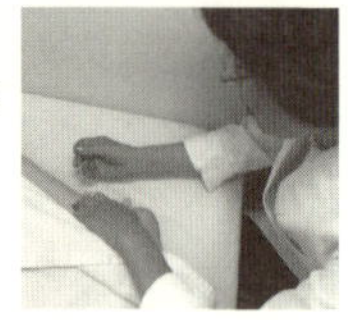

足のツボにはりを打つと……

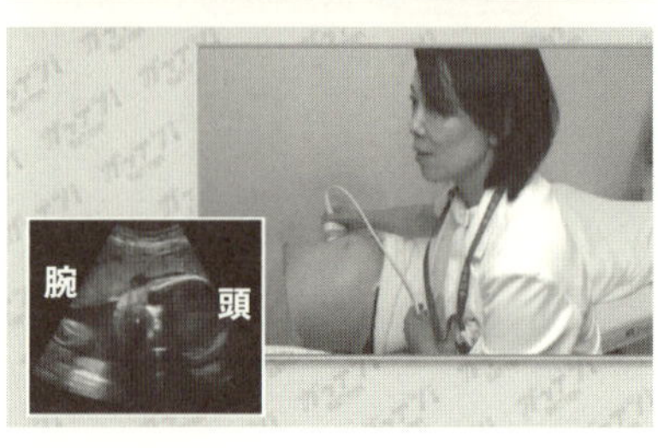

赤ちゃんが手足をばたつかせて動き、体が半回転した。治療を続けると逆子が治ることがある。

すべての逆子が治るわけではない。

協力：よしかた産婦人科　善方裕美副院長／せりえ鍼灸室　辻内敬子副院長

神経や血管のネットワークではりの刺激が離れた場所へ伝わる

離れた場所のツボがなぜ患部に効くのか。これもはり治療の謎です。例えば、逆子の治療では母親の足にあるツボにはりを打ちます。子宮と離れた場所なのに赤ちゃんが反応するのは、足に通っている神経と子宮・卵巣へ行く神経が脊髄の同じ場所に支配されているため、足への刺激が脊髄経由で子宮にも伝わるからと考えられます。また、手の合谷（ごうこく）というツボは頭痛など頭部の痛みに効くとされ、合谷にはりを打つ実験では実際、顔の血流がよくなりました。

研究者によって、そのつながりはリンパや血液の流れだとか筋膜のつながりだとか、いろいろな意見がありますが、全身に張り巡らされたネットワークを通じて離れた場所に作用するというのが、有力な説の1つになっています。

＼ はりの治療費 ／

はり治療と健康保険

保険が適用されることがある主な病気・症状

神経痛　リウマチ　腰痛症
肩の痛み（五十肩など）
首の痛み（むち打ち症など）
頸腕症候群（首、肩、腕、手指の痛みやしびれなど）

手続きは？

❶かかりつけの医師に相談をする。

❷医師からはり治療の**同意書**をもらう。

❸鍼灸院に提出して相談する*。

*保険治療を行っていない鍼灸院もある。

- 治療効果には個人差がある。
- 医師の同意があれば、１割負担または３割負担で治療が受けられる。
- 慢性的な痛みで、医師が必要と判断した病気にも保険が適用できる場合がある。

慢性の痛みを改善！ 医療の現場で広がる、はり治療

はり治療は慢性の痛みやしびれに効果があるといわれています。実際、「脊柱管狭窄症の手術を受けて歩けるようになったが、しびれが残っている」、「持病の薬を何種類も服用しているのでこれ以上薬を増やせない」、「妊娠中なので薬を服用できない」などの理由ではり治療を受けている人たちが多くいます。西洋医学による治療を補完するものとして、はり治療があると考えられています。

はり治療は基本的には自己負担で、目安は30分～1時間の治療で3000円～1万円ほどです（保険適用となるのは上記の場合）。

なお、はり治療に頼って、自己判断で薬をやめたりしてはいけません。必ず主治医に相談してからにしましょう。

風邪に負けない

真の〝免疫力〟ゲット

GATTEN!

とっても頼もしい!

免疫細胞「リンパ球」の働き

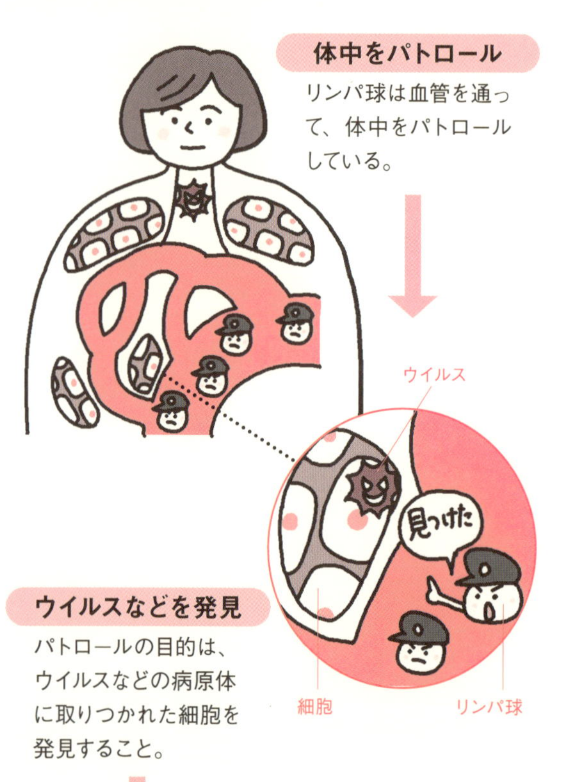

体中をパトロール

リンパ球は血管を通って、体中をパトロールしている。

ウイルスなどを発見

パトロールの目的は、ウイルスなどの病原体に取りつかれた細胞を発見すること。

ウイルスをやっつける

他のリンパ球も集結し、ウイルスが取りついた細胞ごとやっつける。

リンパ球の数が少ないとどうなる？

ウイルスの感染などを見逃す

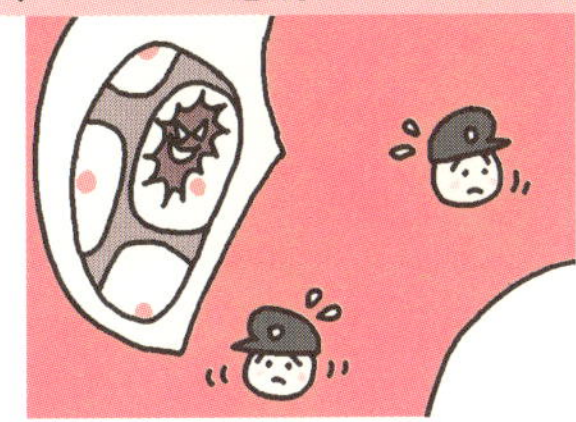

パトロールの手が足りないため、ウイルスに取りつかれた細胞（感染細胞）を見逃してしまう。

リンパ球の数が少ないと、パトロールが間に合わない！

ウイルスなどが増殖

感染細胞が増殖してしまう。

症状が悪化

症状がどんどん悪化していく。

免疫力の決め手はリンパ球のパトロール

私たちの体には、病気から体を守る「免疫」という仕組みが備わっています。例えば、風邪をひきやすい人とほとんどひかない人がいますが、その差は免疫が十分機能しているか否かの違いが大きいといえます。

免疫機能を支える免疫細胞のなかでも、主役といえるのが「リンパ球」です。リンパ球は白血球の一種で、血管を通って体内をパトロールしながら、ウイルスなどに感染した細胞を発見し、退治します。このリンパ球が少なくなり、監視が手薄になると、風邪や病気にかかりやすくなってしまいます。

免疫力のアップには、パトロールするリンパ球の数を減らさないことが大事なのです。そのための対策をご紹介します。（P75）。

リンパ球には2つのモードがある

学習モード

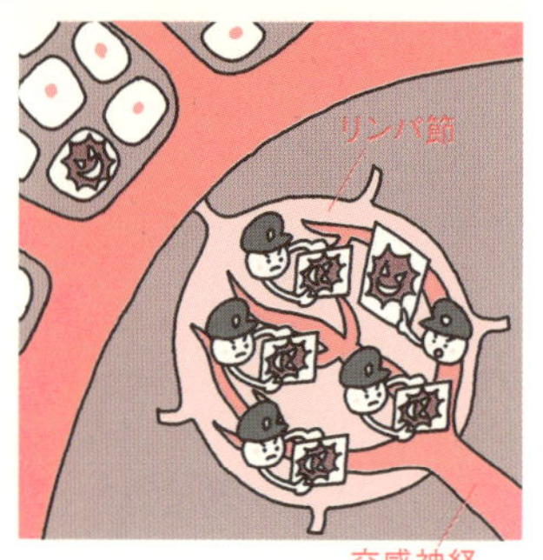

リンパ節と呼ばれる組織の中で、リンパ球は病原体についての学習をしている。リンパ節の出口は閉じている。

パトロールモード

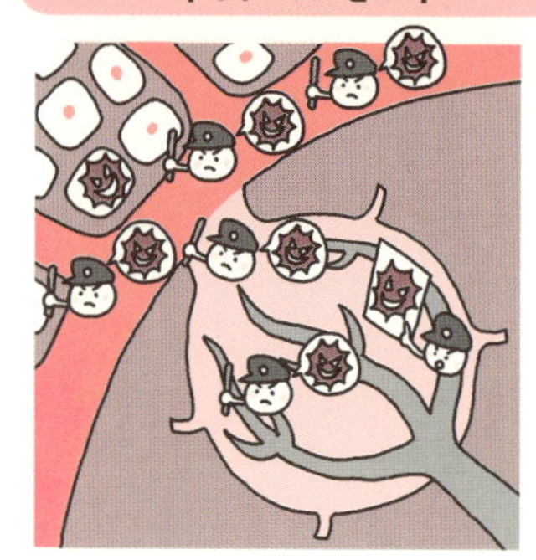

リンパ節の出口が開くと、リンパ球は血管の中に飛び出して体中をパトロールする。見つけた感染細胞は退治する(P72)。

活発に働いている ⟵ 交感神経 ⟶ 緩んでいる

新事実！ スーパー免疫のカギは「交感神経」にあった

リンパ球には「パトロールモード」のほかに、「学習モード」もあります。体内に入ってきた病原体などはリンパ節という器官に運ばれ、リンパ球はその中で退治すべき病原体について学習します。効率的なパトロールのためには、この学習が欠かせません。

2つのモードの切り替えに大きく関与しているのが、リンパ節にびっしりと絡みついている交感神経です。交感神経が活発に働いているとき、リンパ節の出口はしっかり閉じていますが、交感神経が緩むと出口が開き、そこからリンパ球がパトロールに出かけていくのです。

学習モードとパトロールモードがメリハリよく交互に切り換われば、病気を遠ざける「スーパー免疫」を得ることができると考えられます。

＼ 免疫力アップ！ ／

交感神経を緩めるポイント

POINT①

十分な睡眠

睡眠中は1日の中で最も交感神経が緩む「ゴールデンタイム」だ。海外の研究によると、睡眠時間が6時間以下の人は7時間以上の人より4倍以上も風邪をひきやすいという結果が出ている。

POINT②

日中のリラックス

交感神経が活発な日中にもパトロールモードが働くように、こまめに休息したり、リラックスにつながる行動をとったりして、交感神経を緩めることが大事。「昼寝」や「自分の好きなことをする」などがお勧め。

交感神経を緩めて免疫力を高めよう

「スーパー免疫」を得るカギは交感神経にありますが、現代人は睡眠不足や長期間のストレスなどで交感神経が緊張しっぱなしの傾向にあります。リンパ節の出口がしっかり閉じていてはリンパ球がパトロールに出ていくことが難しくなってしまいます。対策は「十分な睡眠」と「日中のリラックス」。これを心がけて交感神経を緩めましょう。

番組の実験でリラックス効果が高かったのは「昼寝」＊1。次いで「ウォーキング」「足湯」「めい想」「音楽鑑賞」などでした。自分の好きなことをしているときもリラックスできるので、お勧めです＊2。ただし、興奮することや激しい運動は交感神経を活性化する可能性があるので、注意しましょう。

＊1 昼寝は午後1時〜3時の間で、30分以内がお勧め。
＊2 病気で治療中の場合などは、かかりつけ医の指示に従う。

免疫力アップ&口臭予防!

唾液パワー全開

GATTEN!

知ってびっくり

唾液の成分と健康効果

唾液の分泌量は1日なんと約1.5ℓ。
さまざまな効果のある成分を含んでいる。

成分	働き
リゾチーム	抗菌作用
分泌型免疫グロブリンA	抗菌作用
ヒスタチン	傷の修復
ハイドロキシアパタイト	歯の修復
アミラーゼ	消化
ムチン	保湿・粘膜保護
シアル酸	育毛*

*シアル酸は育毛剤に使われている成分だが、人間の唾液をそのまま頭皮などに付けても育毛の効果はない。

もともと唾液は「天然の傷薬」だった!

動物は傷をなめて治そうとするが、それは唾液が「天然の傷薬」だから。天敵に遭うなどのストレスを受けると、傷に備えて効果の高い「濃い唾液」が一時的に出るようになっている。

人間は進化の過程で傷をなめて治すことはしなくなったが、その名残としてストレスや危機を感じると、一時的に唾液は量が減り成分が濃くなるようになった。

だから、緊張すると口の中が乾くのね!

推定患者数 800 万人！ 現代病ドライマウス

継続的に唾液の分泌が減るドライマウス

緊張して一時的に口が乾くのではなく、不快な口の乾きが長期間続くのが「ドライマウス」。

こんな症状が現れる！

- 強烈な口の乾き
- 常に口内炎ができる
- 強い口臭
- 虫歯が増える
- 味が分からない
- さまざまな感染症
- 誤嚥
- 肺炎

「濃い唾液」は出るが、量が少ないため、口全体に行き渡らない。

風邪やインフルエンザにもかかりやすくなるドライマウス

ドライマウス（口腔乾燥症）は、持続的に唾液の分泌量が減る病気で、国内の推定患者数は約８００万人。常に口の中が乾き、「ペットボトル飲料などを手放せない」「何を食べてもおいしく感じない」と患者は訴えます＊。

さらに唾液が口の中に行き渡らないので、舌や歯などが粘膜に当たったときに傷ができやすく、口内炎が起こりやすくなります。殺菌作用や修復作用が弱まり、口臭や虫歯、風邪やインフルエンザなどの感染症を招きやすくなるほか、のみ込みづらくなった食べ物が食道ではなく気管のほうへ入ってしまい（誤嚥）、肺炎を起こすことすらあります。

「たかが口の乾き」と思われがちですが、ドライマウスは体全般に影響が及ぶ病気なのです。

＊食べ物の味は、舌や上あごの「味蕾（みらい）」で感じるが、唾液が少ないと味蕾の働きが悪くなり、味を感じにくくなる。

原因は脳!? ドライマウス最新研究

ドライマウス患者の脳の血流

ストレスを受けると血流が脳の右側に偏る人は、左側に偏る人に比べて心拍数が増えやすいことから、ストレスに対して敏感な「ストレス脳」だと推察されている。ドライマウスの人も脳の血流が右側に偏り、ストレス脳になっているのではないかと考えられる。

「口の乾き」自体もストレスになりますます唾液が減っていく

唾液は口の中の唾液腺から分泌されていますが、それをコントロールしているのは脳です。緊張すると口が乾くのも、脳からの指令で唾液腺が水分量の少ない濃い唾液を分泌するからです。このように脳と唾液には密接な関係がありますが、ドライマウスの最新研究では、脳とストレスとの関係もクローズアップされています。

ストレスを感じると誰でも一時的に唾液が減ります。しかし、強いストレスが長く続くなどすると、脳がストレスに敏感に反応する「ストレス脳」に変化することが。すると口の乾き自体もストレスとなり、もとのストレスが消えても唾液の量が戻らなくなると考えられています。

ただし、薬の副作用や口呼吸、病気などからドライマウスになることもあります*。

*唾液腺自体に障害が出るシェーグレン症候群などがある。症状が長引くときは医療機関を受診すること。「ドライマウス研究会」のホームページが参考になる。

＼ ガッテン流 ／

簡単お口潤し術

リップトレーニング

唾液腺を刺激して唾液を出す方法。筋肉の緊張としかんを繰り返すことで自律神経のバランスを整え、ストレスを軽減する効果も期待できる。

やり方

ウ〜

❶前歯が見えるように口の筋肉に力を入れて「イー」と言う。

❷唇を前に突き出し、口の筋肉を緩めて「ウー」と言う。

*口の乾きを感じたときに、これを10回程度繰り返す。

特製うまみドリンク

うまみには脳をリラックスさせる効果や、唾液の分泌を促す効果がある。

作り方・使い方

細かく刻んだ昆布30gを500mℓの水に1日つけておくだけ。1日10回ほど、乾きを感じたときに口に含み、口の中全体に行き渡らせてゆすぐ。冷蔵庫で保存し、2日以内に使い切る。

注　ドリンクを飲む必要はない。塩分や、とりすぎると甲状腺機能を低下させるヨウ素なども含んでいるため、口をゆすぐだけにする。

ドリンク考案：東北大学　笹野高嗣名誉教授

ドライマウスは「心」とつながっている

ドライマウスの治療法として注目され、医療現場でもお勧めされているのが、没頭できる何かに取り組むという方法です。

例えばある患者は、楽器の演奏が上達するように毎日練習していたら、半年後に症状が改善しました。以前は口の乾きばかり気にして不安が募り、症状が悪化していたのですが、意識を他に向けることで口の乾きを忘れ、脳がストレスを感じる時間が短くなったためと考えられます。楽器に限らず散歩や手芸、掃除など、没頭できるものなら何でもかまいません。

また、市販の口腔保湿剤（スプレーやジェル剤）は、一時的に症状を緩和して悪化を防ぐ効果が期待できます。上記のリップトレーニングや特製うまみドリンクもお勧めです*。

*シェーグレン症候群の人は、医師と相談のうえ唾液分泌促進剤による治療が行われている。

今、ツラいあなたに！

保存版 新発想の花粉症対策

GATTEN!

これで万全？

おなじみの花粉症対策

対策グッズ	その働き
マスク ゴーグル 花粉をガードするスプレー	侵入を防ぐ
鼻うがい	花粉を洗い流す
飲み薬 目薬	アレルギー反応抑制

それでも鼻水が…

大丈夫！あるものをプラスすると花粉症の症状が劇的に改善することが分かりました！

＋

ホント!? 知りたい、知りたい！

ツラい鼻水・鼻詰まりは、なぜ起こるのか？

❶花粉が鼻の中に入ってくる
異物から体を守るため、免疫細胞が花粉に反応する。

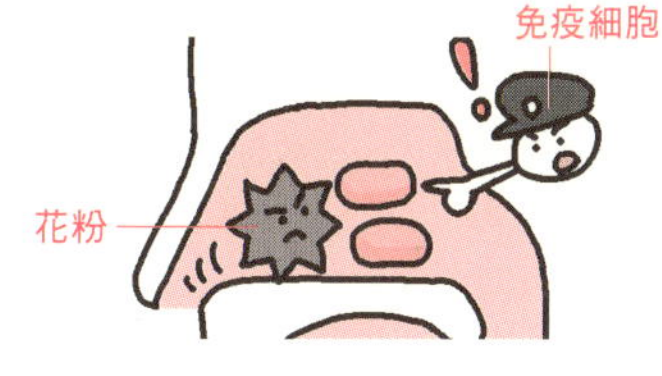

❷花粉が割れて中身が飛び散る
鼻の粘液に触れた花粉は割れて、中身（アレルゲン）が飛び散る。

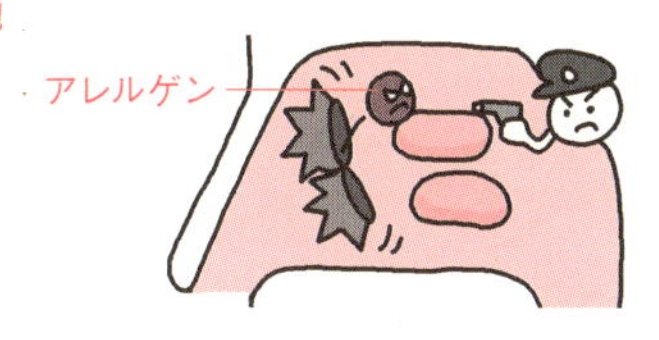

❸免疫細胞がアレルゲンを攻撃
免疫細胞がアレルゲンの付いた粘膜を攻撃する。

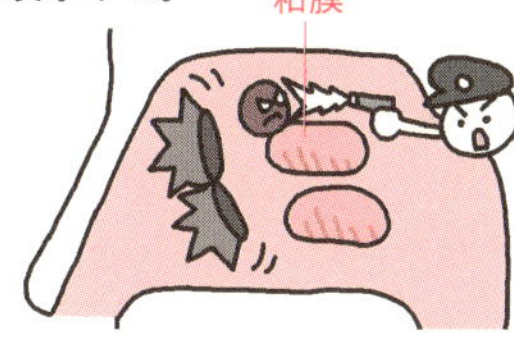

❹粘膜が腫れたり、鼻水が出る
粘膜が腫れて鼻詰まりが起こったり、花粉を洗い流そうとして鼻水が出る。

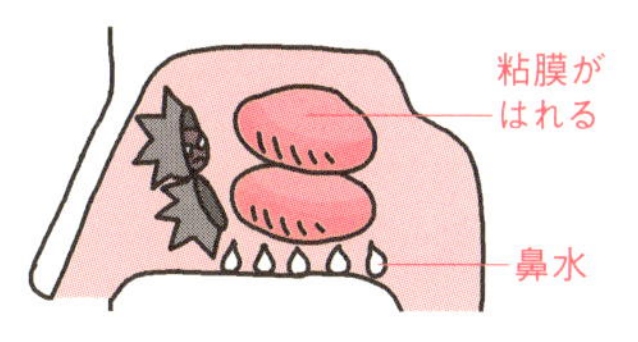

花粉症の真実！ 花粉は割れてより凶悪になる

春先になると、鼻水や鼻詰まりなどが出て、つらい思いをさせられる花粉症。花粉が鼻の中に入っただけでも炎症を起こし症状が出ますが、それだけではありません。花粉が鼻の中で割れ、中からもアレルゲン*が飛び散ると、強い症状が現れるようになるのです。

では、なぜ花粉が鼻の中で割れてしまうのでしょうか。花粉は雌しべの水分に触れると、割れて中身が飛び出して受粉します。雌しべの水分と鼻の粘液は同じ弱アルカリ性のため、花粉が鼻に入ると雌しべに着いたと勘違いをして、鼻の中で割れてしまうのです。

このように、花粉が鼻の中に入って、さらに割れるという〝2段階攻撃〟が、花粉症の問題をより大きくしているというわけです。

*アレルギーを引き起こす物質

“花粉症発祥の国”御用達の鼻バリア「ワセリン」

ワセリンで花粉を封じる

ワセリンは鉱物油の一種。これを鼻の入り口に塗ってバリアを作れば、花粉が粘膜や粘液に直接触れるのを防ぐことができる。

ワセリンの効果①

花粉の殻（外側）のアレルゲンを防ぐ

油分のバリアによって花粉が粘液に触れるのを防ぐ。

ワセリンの効果②

花粉の中のアレルゲンを防ぐ

花粉がくっついても割れずに中身のアレルゲンが出ない。

ワセリンバリアで鼻水・鼻詰まりが劇的に改善

花粉がアレルギーを引き起こすことが発見されたのはイギリスで、今から約200年前のことでした。イギリスは広大な牧草地から大量の花粉が舞い散るため、今も昔も花粉症患者が多く、人口の約4分の1が花粉症といわれています。そのイギリスの花粉症対策として人々に浸透しているのが、ワセリンでバリアを作る方法です。

番組の実験でも、花粉症患者にワセリンを使ってもらったところ、鼻水の量やくしゃみの回数、粘膜のはれが劇的に改善しました。

この方法は、かゆみなどの目の症状にも効果があります。鼻と目の間にある神経の反射によって鼻の症状が目の症状を引き起こしているからで、鼻の症状が和らげば、目の症状の改善も期待できます。

やってみよう

＼ ガッテン流 ／

ワセリンの使い方

❶鼻の穴の入り口に塗る

綿棒もしくは清潔な指でワセリンを取り、鼻の穴の入り口（小鼻の内側）に塗る。量の目安は綿棒の先が薄く覆われるくらい。

❷小鼻の上から軽く押さえる

小鼻を外から指で軽く押さえて、奥のほうへワセリンが広がるようにする。鼻の外へ出たワセリンは拭き取る。

POINT

- ☑ 1日3〜4回行う
- ☑ 鼻血が出やすい内側は優しく塗り、鼻の奥まで入れ過ぎない
- ☑ 時々鼻をかんで花粉が付いたワセリンを取り、もう一度軽く塗る
- ☑ マスクなど、今行っている対策と併せてワセリンを使う
- ☑ 薬などによりアレルギー症状を起こしたことのある人は、使用前に必ず医師や薬剤師に相談を

＊製品の注意書きをよく読んでから使う。＊脂漏性皮膚炎の人は避ける。

マスクも忘れずに！

マスクの正しい付け方

マスクの性能は進化し、花粉の99％をカットするといわれている。性能を生かすには、マスクと顔の間に隙間ができないように装着することが大事だ。

立体型マスクの場合も、隙間ができないように付けること。

❶まず半分に折る。

❷鼻の形に折り曲げてから装着。あごまでしっかり覆う。

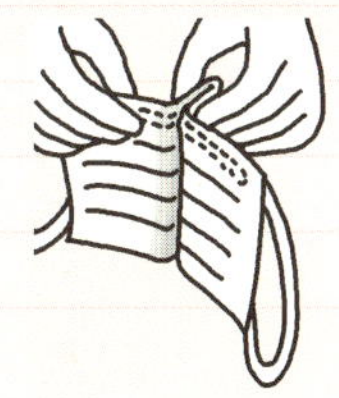

GATTEN! HEALTH

新発見「寿命がわかる数値」!?

1分間で寿命点検

自分で測れます！

Q. 寿命と関係する数値とは?

自分で測定できる「ある数値」によって、突然死のリスクを予測することができる。その数値とは?

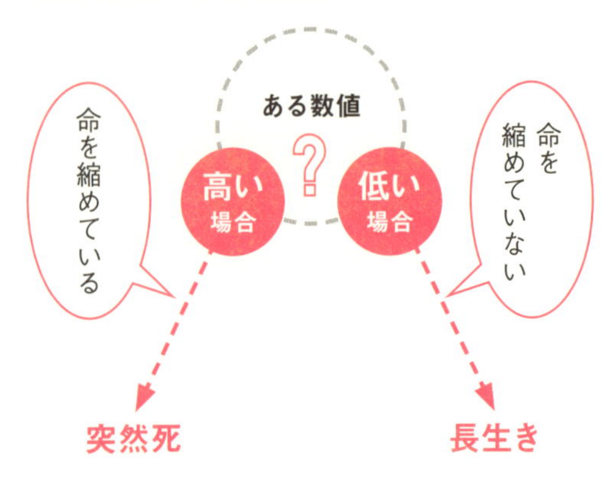

A. 脈拍（心拍数）

最新研究から、脈拍が高いと突然死のリスクが高まることが分かった。

くわしくは➡ P86

でも、脈拍って変動するよね。いつ測ればいいのかな?

COLUMN

約1,900人が33年間、毎日血圧を測定

岩手県花巻市大迫町(おおはさままち)はのどかな田園風景が広がる小さな町ですが、実は、ある分野の医療関係者の間では知らない人はいないというくらい超有名な町です。
何が有名かというと、それは血圧。実は大迫町の住民は毎日血圧測定をしているのです。それも33年間も！　ある研究者が血圧のデータを取るため、住民に血圧計を配って測定と記録を依頼したのが始まりですが、それがずっと続いて、今では住民約1,900人の33年分のデータが蓄積。血圧研究の貴重なデータとして、世界中から注目されているのです。

血圧が正常でも突然死!? カギを握るのは脈拍

世界中で使われている高血圧の基準値（家庭血圧*）は、上の血圧が135㎜Hg、下の血圧が85㎜Hgです。上記の大迫町住民の長年の血圧測定データを基に決められました。

高血圧を放置していると、血管が傷ついて動脈硬化が促進され、脳卒中や心筋梗塞などの突然死を招く重大な病気につながるおそれがあります。そうならないように、自分で血圧をチェックすることはとても大切なことです。

ところが、大迫町住民のデータを詳細に分析してみると、血圧が正常な人にも突然死が起きることが分かってきました。なぜ、そのようなことが起こるのでしょうか？

そこで浮上したのが、血圧とともに血圧計が表示する「脈拍」でした。

*高血圧の基準は家庭血圧のほか、診察室血圧もある。

起床時の脈拍と突然死の関係

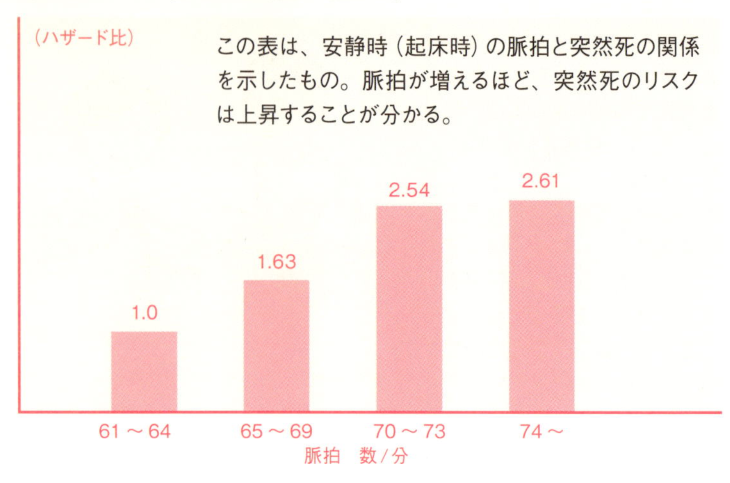

出典：Prognostic Value of Home Heart Rate for Cardiovascular Mortality in the General Population: The Ohasama Study

起床時の脈拍が重要！高い人は突然死の可能性も!?

心臓が一定の時間にポンプのように拍動する回数を「心拍数」といいます。心臓から送り出される血液によって動脈が拍動する回数が「脈拍」なので、健康な人であれば心拍数はほとんど脈拍と一致します。

心拍数は少し走ったり、重いものを持ったり、あるいは緊張したりするだけですぐに高くなるなど、常に変動しています。日中ちょっとしたことで脈が速くなるという人もいますが、突然死と関係するのは「起床時の脈拍」です。直前まで寝ていたわけですから、本来なら脈拍は低いはずです。

ところが、安静時のはずなのに数値の高い人たちがいて、その人たちの突然死のリスクが高かったのです。

脈を決めるのはアドレナリン

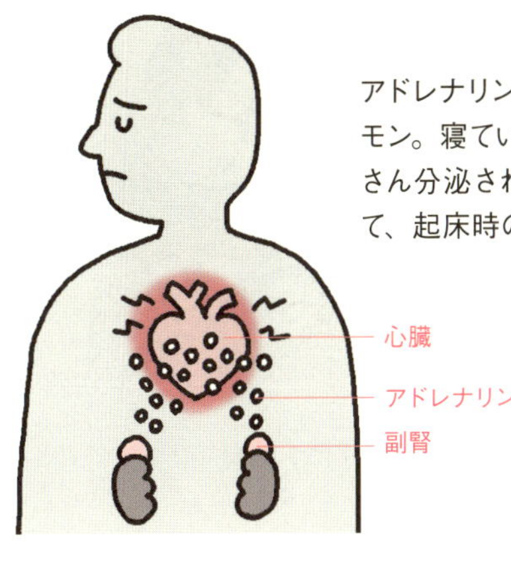

アドレナリンは副腎から分泌されるホルモン。寝ている間にアドレナリンがたくさん分泌されると、心臓の拍動が増えて、起床時の脈拍が高くなる。

朝の脈拍を上げるリスク

- たばこ
- お酒
- ストレス
- 運動不足
- 睡眠不足
- 疲労

安静時のアドレナリンは心臓や血管に大きな負担

脈拍を高くするのはアドレナリンというホルモンです。興奮したり緊張したりするような場面でたくさん分泌され、その働きかけによって心臓は拍動数を増やして、全身にどんどん新鮮な血液を送り込みます。

アドレナリンのおかげで私たちはいつもより力が出て無理もきくわけですが、このアドレナリンが出なくてもいいとき、つまり寝ている間にもたくさん出る人（起床時の脈拍が高い人）は、心臓や血管に負担をかけています。

血管は心臓が拍動するたびにゴムのように伸び縮みしますが、脈拍が高くなると傷みやすくなります。この状態が長期間続けば、動脈硬化から心筋梗塞や脳卒中などにつながるおそれがあり、これが大問題なのです。

やってみよう

＼ 健康のバロメーター ／

安静時脈拍の測り方

- 朝起きて1時間以内。
- トイレの後。
（我慢していると脈拍が上がることがあるので）
- 朝食をとる前に。
- ２～３分間リラックスしてから座って姿勢をよくして測る。腕は心臓の高さに。

POINT

☑ 薬局などで販売されている血圧計を使うのがベター。血圧とともに脈拍が表示される

☑ 手元に血圧計がなければ、とりあえず手首や頸部（けいぶ）などで脈を取ってもかまわない。安定したデータを取るには血圧計がおすすめ

＊急変して45以下になった場合、甲状腺の病気などの可能性があるので、医療機関に相談を。

毎朝脈拍を測れば効果的な健康管理ができる

起床時の脈拍は突然死のリスクを予想する目安になります。ぜひ測ってみてはいかがでしょうか。

ポイントは毎日測ることです。脈拍の変化によって、過労や睡眠不足、飲み過ぎなどの行動を振り返って改めることができるからです。また、自覚していなかったストレスについて早めに気付くこともできます。

たとえ脈拍が高くても、「自分は突然死するかもしれない……」などと落ち込む必要はありません。下げるワザがあるので試してみましょう（Ｐ89参照）。

脈拍を記録する重要性は世界的にも注目されています。24時間脈拍データを測定する腕時計型コンピューター端末なども登場しています。

やって
みよう

＼ 驚くほどカンタン！ ／

脈拍を下げるワザ

寝るだけ脈落とし

1 息を吸う

目を閉じて、鼻からゆっくり長く息を吸う。頭の中で8秒数えながら、おなか→胸→肩と順々に空気を満たしていくイメージで吸う。

胸の筋肉をストレッチすることが重要。胸のところで大きな花が開く姿をイメージするとよい。

2 息を吐く

いっぱい吸い切ったら、1～2秒軽く息を止めてから、口をすぼめて8秒数えながら、ゆっくり長く息を吐く。吐き切ったら、また1～2秒息を止め、再度鼻から同様に息を吸う。

風船がしぼんでいく様子をイメージする。

POINT

- ☑ 毎日寝る前に10分を目安にやってみる
- ☑ 8秒ずつかけて息を吐いたり吸ったりするのが難しい人は、もっと短くてもかまわない。3～4秒から始めてみよう

指導：スウェーデン国立カロリンスカ研究所ソフィアヘンメット大学　マリア・ヴァールストルム博士

お風呂に肩までつかる

お風呂に肩まで10分間つかると、安静時の脈拍を下げる効果がある。水圧により心臓や血管に適度な負荷がかかり、心臓トレーニング効果があるためだと考えられる。

POINT

- ☑ 温度は38～41℃の少しぬるめ
- ☑ 冬は脱衣場、風呂場の洗い場を先に暖めておくなどして、急激な温度差を避ける
- ☑ 気分が悪くなったら入浴を中止する。特に高齢者は温度の変化を感じにくくなっている場合があるので気を付ける

GATTEN! HEALTH

“新原因”発見!

衝撃の肩・首のこり改善

GATTEN!

なかなか解消しない

つらい肩こり

その肩こり、
もしかしたら
肩こりではないかも
しれません!

この「こり」に、とある調査では女性の7割弱、男性の4割が悩んでいる。

原因は体の奥深くにあった⁉

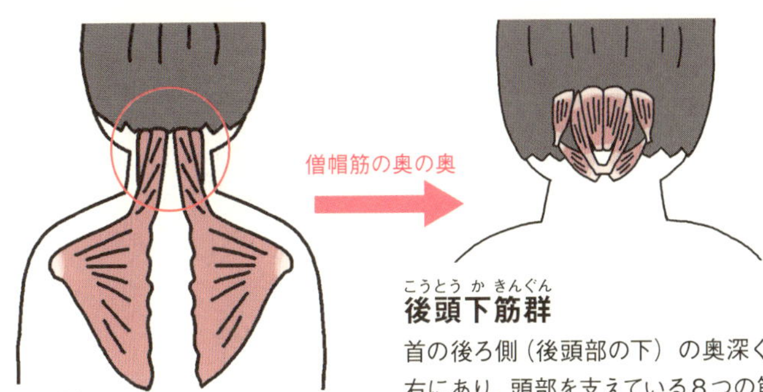

僧帽筋（そうぼうきん）

首から肩、背中までを覆う、表面にある大きな筋肉。一般的な「肩こり」はこの筋肉の血行が悪くなって起きる。

一般的な肩こり

後頭下筋群（こうとうかきんぐん）

首の後ろ側（後頭部の下）の奥深く、左右にあり、頭部を支えている８つの筋肉。頭蓋骨と首の関節を安定させて動きをスムーズにするとともに、頭の微妙な動きを支えている。奥にあるため、普通にもんでもなかなか届かず、こりが解消されにくい。「首こり」の原因の１つ。

首こり

「肩こり」と「首こり」別の原因が潜むことも！

「外国人は肩がこらない」といわれることがありますが、もちろん外国人でも肩こりに悩む人はたくさんいます。

街頭で外国から来た人に話を聞いてみたところ、「stiff shoulders（肩こり）」「stiff neck（首こり）」などの言葉が出てきました。外国では肩と首のこりを明白に区別していたのです。

そこで、肩こりに悩む日本人にどこが痛いのかを図で示してもらったところ、なんと肩ではなく、首を示した人が多数いました。どうやら私たちは、肩のこりと首のこりを一緒にして、「肩こり」のひと言ですませているようです。

では、首こりはどうして起こるのでしょう。原因の1つは後頭部から首にかけての奥のほうにある「後頭下筋群」という筋肉群のこりです。

首こりの２大原因とは

パソコン作業時のように、長時間前かがみの姿勢で顔を上げて前を見続けると、頭を支えるために後頭下筋群が緊張し、首こりを誘発する。

目をキョロキョロ動かすと顔も左右に微妙に動く。この動きをコントロールしているのが後頭下筋群。スマホ画面を見ているときは下向きになるので、後頭下筋群に負担がかかるのに加え、目がよく動くため、首こりにつながりやすい。

後頭下筋群を緊張させる習慣がつらい首こりを招く

後頭下筋群の緊張が続くと、血流が悪くなり、筋肉が硬くなってしまいます。そのため首の張りや痛みを感じたり、首の動きが悪くなったりという症状が現れてきます。頭痛や吐き気、めまいが起こることもありますが、これは硬くなった筋肉が頭へ向かっている神経を圧迫することが原因の1つだと考えられています。

後頭下筋群を緊張させる大きな原因は、前かがみの姿勢や目の動きです。特に、長時間のスマホの使用は、目が常に動くうえに下を向きっぱなしにもなるので、ダブルの負荷で首こりを引き起こしやすいといえます。

一方、姿勢がよすぎても首こりは起きます。バレエのように背筋が伸び、あごを引いた姿勢などは、後頭下筋群に負荷がかかるからです。

やってみよう

＼ 首こりをセルフチェック ／

自分で首の回転角度を測ってみよう

首こりでは首の回転性が悪くなる。目安として、首の回転角度が左右60度ずつあるか、チェックしてみよう。

❶壁に背中をつけて立ち、肩が左右に動かないようにする。

❷片方の手を正面にまっすぐ伸ばす。

❸手と壁の角度は90度なので、3分割した2つ分の60度の場所に手を動かし、そこで固定する。

❹ゆっくり無理をせずに首を回し、鼻先が手よりも奥へ行くか確認する。反対側も同様に確認する。

*鼻先が見えにくい場合は、口に割り箸などをまっすぐくわえて行うと分かりやすい。
*決して無理をせず軽く回る範囲で行う。

首が60度回らない場合は首こりの可能性がある

自分のつらい症状がはたして首こりなのかどうか。その可能性を自分でチェックする方法があります。カギを握るのは、首の回転角度です。後頭下筋群がこり固まっていると、首がよく回らなくなるからです。

日本整形外科学会と日本リハビリテーション医学会によると、首が回る角度の目安は、左右それぞれ60度です。無理せず痛みなく60度回れば問題ありません。60度回らない場合は、それだけで首こりだとは断定できませんが、可能性があると考えてよいでしょう。

つらい首こりや首の回転性が悪い場合、自分でできる「首こり改善運動」があります（P94）。また、はり治療*で改善するケースもあるので試してみてはいかがでしょう。

*すべての鍼灸院が首こりに対応しているわけではないので、事前に確認を。

＼ 2週間で効果あり！ ／

首こり改善運動

1～3の順番で、朝昼晩と1日3セット行う。いずれも「ゆっくり」「小さく」「頑張らないで」が基本になる。

1 イヤイヤ運動

後頭下筋群を横向きに伸縮させて血行を促し、こりをほぐす。

❶あおむけに寝て目を閉じ、首を左か右にゆっくり動かす。動かす角度は小さめで45度を超えない程度に。

❷ゆっくり元に戻してから、反対側にも同様に動かす。

20往復で
1セット

片側3秒ほど
かけて動かす

POINT

- ☑ 決められた回数だけ軽めに行い、頑張らないことがコツ
- ☑ 3つの運動はあおむけに寝て行うと、頭の重さで後頭下筋群に負担をかけずにすむので理想的だが、椅子に腰掛けて行っても効果は期待できる
- ☑ 息を止めずに行う

2 うなずき運動

後頭下筋群を縦向きに伸縮させて血行を促し、こりをほぐす。

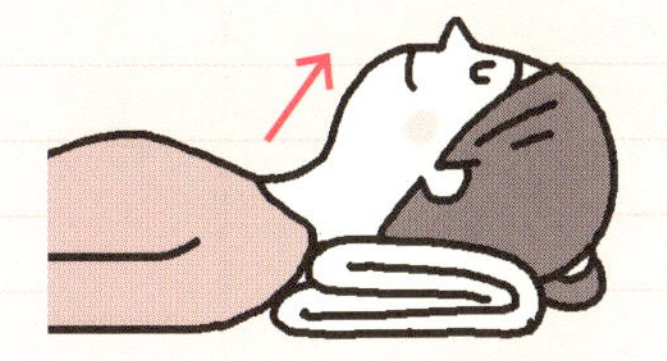

❶タオルを重ねるなど低めの枕を使ってあおむけに寝る。目を閉じ、あごを上げるように首を少し動かす。

❷うなずくようにあごを元の位置に戻す。首の後ろの筋肉を伸縮させるイメージで。

20往復で1セット

①②それぞれ3秒くらいのゆっくりしたスピードで

3 あご引き運動

首の後ろの付け根の筋肉を伸ばす。

10回で1セット

ゆっくり3秒間伸ばす

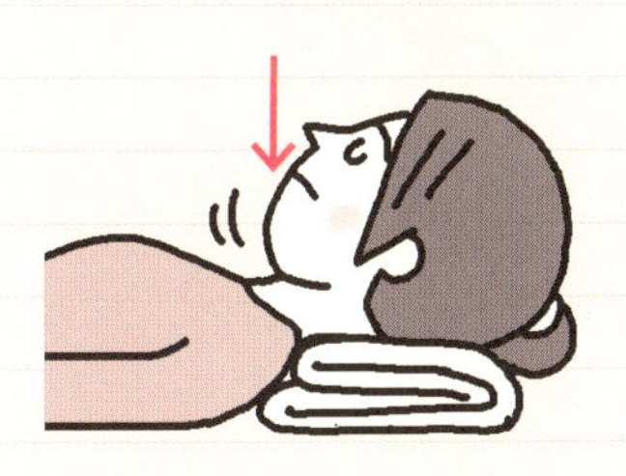

枕を使ってあおむけに寝る。目を閉じ、あごをゆっくり引くようにして3秒間伸ばす。そのあと緩めてリラックス。

指導：文京学院大学理学療法学科　上田泰久助教

痛みを“脳”で克服！

“慢性痛”治療革命

GATTEN!

ひどい慢性痛

ケース 脳を○○させたら改善！

親知らずに激痛が起こり、すぐに治療。それなのにまた痛くなり、毎日続いていました。

Mさん（58）

激しい腰痛があるのに、検査をしても異常なし。痛くて痛くて、立って歩けないほどでした。

Kさん（41）

あることをしたら

痛みを感じずに毎日過ごせるようになりました。

痛みが解消し、重いバーベルを上げても大丈夫に。

2人の慢性痛を改善させたのは、一体どんなこと？
➡ P100

痛みの本丸は脳だった

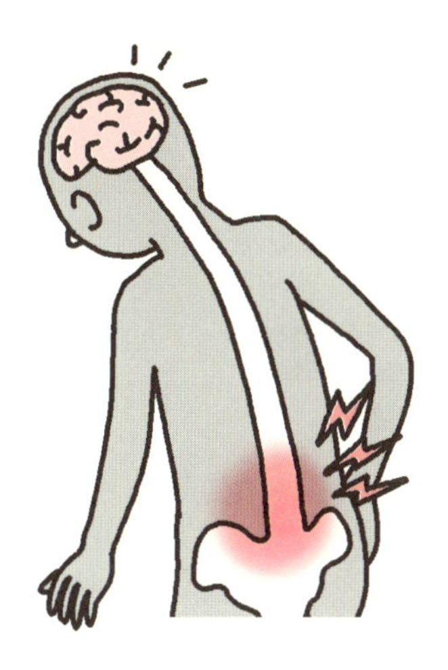

痛みの起こり方（腰痛の場合）

❶電気信号が腰から脳へ

電気信号が腰から脊髄（せきずい）を通って脳へ届く。

❷信号が神経細胞に伝達されて痛みが起こる

脳は約1,000億個の神経細胞の集まり。痛みの信号は神経細胞に瞬く間に伝わる。それが1か所だけでなく、脳の広範囲で起こり、「痛い」という感覚が生じる。

痛みは脳の中にあるもの その強さを決めるのも脳

痛みが起きた場合、一般的にその原因になっている病気などを治療すると痛みはなくなります。しかし、原因を取り除いても痛みが残ることがあります。そもそも原因が分からない痛みも少なくありません。マッサージや薬などで一時的によくなっても、またぶり返す痛みなどもあります。こうした痛みが3か月以上続く、または再発する場合を、慢性痛と呼びます。

慢性痛に悩まされている人は、全国で推定2300万人以上＊。痛みのせいで仕事を休んだり退職したりする人も多く、今、社会的な問題となっています。

しかし、最新の研究から、痛みと脳の関係が解き明かされてきました。脳には痛みを和らげる働きを持つ部位があったのです（P98）。

＊「日本における慢性疼痛保有者の実態調査」2010年

痛みを和らげるメカニズム

❸扁桃体の興奮を鎮める働きがあるのが「側坐核」。

❶痛みの信号を受け取ると脳内の「扁桃体」が興奮して、活発に働く。扁桃体は恐怖や不安などの負の感情を引き起こす部位。

❷痛みが長続きすると扁桃体自体が異常な興奮状態になり、痛みの信号が来なくなっても興奮し続けてしまう。これが慢性痛。

監修：東京慈恵会医科大学先端医学推進拠点群
痛み脳科学センター　加藤総夫センター長

慢性痛の原因は側坐核の活動低下⁉

痛みは脳の広い範囲が関わっていますが、脳の中心近くには痛みを和らげる働きをする部位もあります。それが「側坐核」で、痛みの信号が脳に伝わったとき痛みを和らげる物質を放出する仕組みに関係しています。

この側坐核の働きが弱いと、痛みがなかなか軽減されなくなってしまいます。また、上記のように扁桃体が異常に興奮した場合に、抑え切れなくなってしまうこともあります。治療で痛みの大本を取り除いたり、痛みの信号が来なくなったりしても痛みが続くのは、こうした側坐核の働きの低下が原因の可能性があります。

ならば側坐核を元気にすることができれば慢性痛改善につながるのではないかと、研究が進んでいます。

側坐核は"報酬"を得ると元気になる

実験しました！

報酬が生じると脳はどうなる？

被験者に「1つクリアするごとにお金（報酬）をあげます」と説明して、MRIの中で簡単なゲームをしてもらった。

ゲームが進むと脳の血流がアップ

ゲームの進行とともに、側坐核の画像が赤くなってきた。活動が活発になり血流がよくなったとみられる。

脳を喜ばすと慢性痛が改善する⁉

側坐核についての解明が進み、側坐核は「報酬」をもらうと活性化することが分かってきました。上記の実験でも、ゲームに成功したらお金（報酬）を得られると告げたうえで行ったところ、側坐核が活性化したことが確かめられました。報酬を得て側坐核が元気になれば、痛みに対する働きも強くなります。

「報酬」は、お金や賞品などに限りません。何か目標を決めて、それを達成したときに味わう「達成感」も、側坐核にとってはうれしい報酬になります。達成感を繰り返し味わうことで、側坐核はより元気になっていきます。これを利用した「認知行動療法」は、慢性痛の最も効果的な治療法の1つとして、痛みの治療として実践されています。

小さな目標で手軽に側坐核を元気に！

P96の2人がした「あること」とは？

脳を喜ばせること（達成感を味わうこと）

大きな目標を立て、それをかなえるための小さな目標を設定

小さな目標を達成する

脳が喜ぶ（側坐核が元気になる）

痛みが軽減（これを繰り返すことで大きな達成感に近づき、側坐核がより活発に）

痛みを和らげるのは薬よりも認知行動療法!?

最新の痛みの研究では、薬よりも「認知行動療法」を行うほうが有効だという報告も。

認知行動療法では、まず「治療目標設定シート」に患者自身が大きな目標（簡単には達成できないこと）と小さな目標（少し頑張ればできること）を書き込みます。

P96のMさんは「習字がうまくなること」を大きな目標に、「1字1字丁寧に書く」を小さな目標に設定。Kさんは大きな目標を「家族と遠方に長期の旅行に行く」、小さな目標を「旅行雑誌を買いに遠くの書店まで歩いていく」などと設定。小さな目標から実現し達成感を得ていくことで痛みが改善しました。得意なことや好きなことは痛みがあっても取り組みやすいので、その中から目標を決めるのがよいでしょう。

＼ 超カンタン！ ／

側坐核アップ法

運動

回数や距離などを設定できるので、達成感を得やすい。

ダンベル体操

まず軽いダンベルを持ち上げ、「痛くてもダンベルが上げられた」と達成感を得る。徐々に上げる回数を増やしたり、重いダンベルに換えたりしていき、達成感を積み重ねる。

趣味

好きなこと、得意なことを見つけ、集中して取り組むと効果的。

絵を描く

「今日はここまで描こう、これを描こう」などと小さな目標を立てて達成感を積み重ねていく。

達成感を得るために行動することで、痛みに向いていた意識を他に向けて、痛みを忘れるという効果もあります。

POINT

- ☑ 自分の好きなことを無理せずに行う
- ☑ 小さな目標から、大きな目標へ
- ☑ 時間制限を設けると、より効果的

せきが止まらない！
歯が溶ける！

犯人はまさかの〝胃〟？

GATTEN!

症状はバラバラ

3人に共通する病気とは？

原因不明のせきに悩まされる

食後や会話中、就寝中によくからぜきが出てむせてしまいます。薬を使っても治らず、のどの異物感も感じています。

Yさん（43）

40代で上の前歯をすべて失う

歯に違和感があったので歯医者に行ったところ、“歯が溶けてボロボロ”と言われました。結局上側のすべての前歯を入れ歯にしなければなりませんでした。

Kさん（51）

難治性の中耳炎になる

鼓膜の内側に液体がたまった高齢の女性。液体をとると症状はよくなるが、しばらくすると再発を繰り返す難治性の中耳炎に。分析するとその液体の正体は……胃液！

Xさん

「逆流性食道炎」だった！

「逆流性食道炎」はなぜ起きる

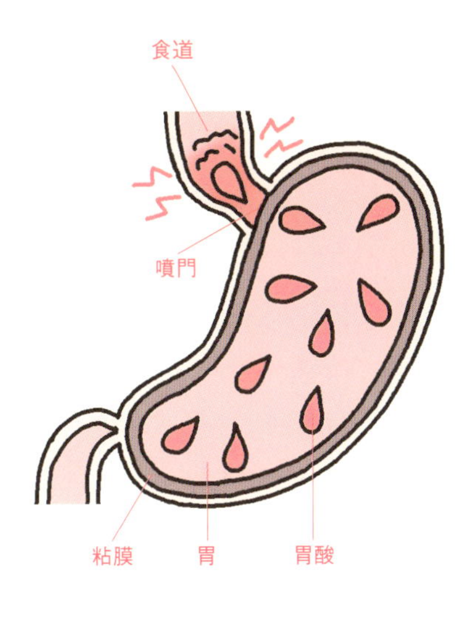

逆流性食道炎の原因となる胃酸は、胃の消化液（胃液）に含まれる強い酸。胃自体は酸の影響を受けないように粘膜で守られているが、食道は酸によって傷つき、炎症を起こしてしまう。

胃酸が引き起こすさまざまな症状

胸焼け	胃もたれ	胃痛
吐き気	せき	のどの違和感
胸痛	歯のダメージ	中耳炎

代表的な症状「胸焼け」がない人は手遅れになる人!?

逆流性食道炎とは、胃酸が噴門（ふんもん）（胃の入り口）を通り抜けて食道へ逆流してしまい、炎症が起こる病気です。代表的な症状は胸焼けですが、感じ方には個人差があり、何も感じない人もいます。

また、逆流がひどいときは、胃酸の行き先は食道だけにとどまらず、時にはのどや歯まで到達することも。のどと耳はつながっているので、まれに耳まで到達して炎症を起こすケースさえあります。P102のYさんのせきは、のどが胃酸でダメージを受けたことが原因で起こり、Kさんの歯をボロボロにしたのも胃酸と考えられます。Xさんの場合は、まれな症例ですが鼓膜の内側に胃酸を含んだ液がたまり、中耳炎を引き起こしていたと考えられます。

こんなに増えている！　逆流性食道炎

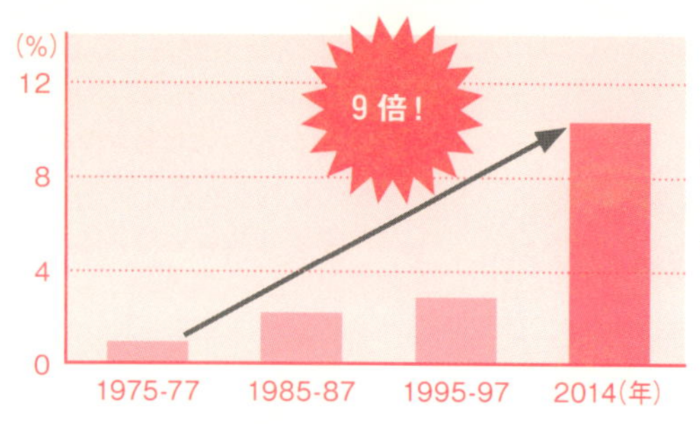

逆流性食道炎の患者数は年々増加しており、約40年で実に9倍に！

Manabe N, Haruma K, Mihara M:The increasing incidence of reflux esophagitis during the past 20 years in Japan. Gastroenterology 166:A244, 1999 から作成

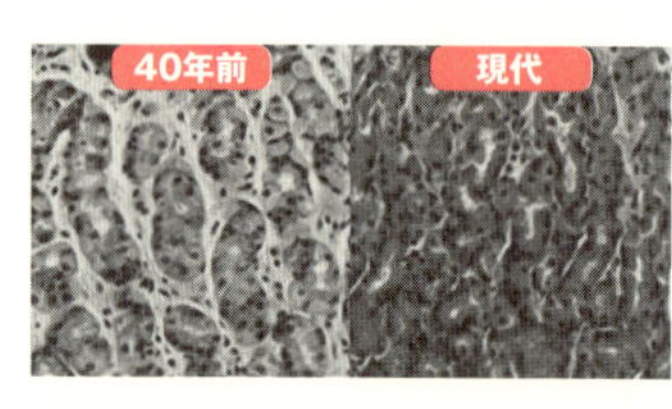

胃酸を分泌する細胞も増加
同じ面積の中にある「胃酸を分泌する細胞」の数を、40年前と現代の20代で比較したもの。細胞が1.35倍に増えていた。
画像提供：
川崎医科大学総合医療センター　春間 賢特任教授

食生活の欧米化で胃酸の量も欧米並み!?

戦後、私たち日本人の食生活は大きく変わりました。食べる量が増えると同時に肉や脂肪の割合が多くなり、特に肉は3倍にも増加。これらを消化するために胃酸を分泌する細胞が増えて、たくさん食べないときでも胃酸が多く出るようになりました。その結果、もともと欧米人に多く、日本人には少なかった逆流性食道炎が、日本人にも増えてきたのです。

また、衛生環境の改善によるピロリ菌感染率低下も胃酸増加の原因の1つとされています。ピロリ菌は胃炎を引き起こし、胃酸の分泌を減らしますが、胃がんや胃潰瘍の原因となるため、もし感染していても除菌が勧められます。このように今の日本人は胃壁がきれいになり、胃酸が分泌されやすくなっていると考えられます。

要注意！

食後に胃酸が逆流しやすいワケ

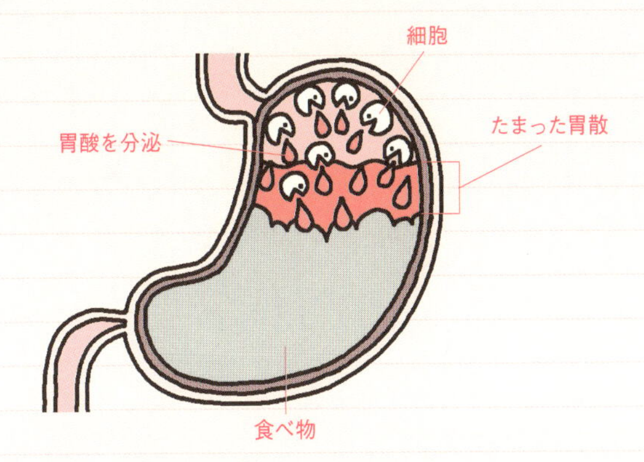

胃酸を分泌する細胞が分布しているのは胃の上部。食べ物が入ってくると上から胃酸が出てくるので、食べ物の上に胃酸がたまりやすい。これが食後、逆流しやすい。

「胃酸の逆流危険度」チェック

次の項目が１つでも当てはまる人は、胃酸が逆流しやすい可能性があるため注意しよう。

- ☑ 肥満
- ☑ 猫背
- ☑ つい食べすぎてしまう
- ☑ 食後すぐに横になる
- ☑ ストレスが多い
- ☑ お酒をよく飲む

こんな症状が
よく出る人も要注意！

- 胸焼け
- 胃もたれ
- のどや口に酸っぱいものがこみ上げる
- げっぷが多い

“胃酸”で困らない食生活のコツ

食べすぎない
飲みすぎない

腹八分目を心がけてバランスのよい食事を。肉の食べすぎは禁物だが、高齢者は食が細くなってたんぱく質が不足しがちなので十分にとるようにする。お酒を飲みすぎないことも大切。

夜寝る前に食事をしない

夕食と就寝の間隔を、３時間（少なくとも2時間）はあけるようにする。

症状がひどい場合は病院で受診を。

若いからといって油断は禁物 今日から生活改善！

胃酸の過剰な分泌を抑えるには、まず食生活を改善することが大切です（上記）。胃粘膜は約1か月で入れ替わるので、効果も1か月程度で表れ始めるといわれています。

また、食後すぐに寝たり、ソファーで横になってくつろいだりしないことも重要です。どうしても胃酸が逆流しやすくなるからです。

今まで日本では、胸焼けや胃もたれはお酒を飲む中高年世代以上のものと考えられてきました。しかし、食生活の欧米化などによって20〜30代にも逆流性食道炎の患者は増えています。もはや「若いから大丈夫」とは言えない状況です。子どもにも患者が見られる欧米のような事態にならないよう、生活を改善していきたいものです。

＼ 食べすぎたときに ／

逆流を防ぐ方法

少し枕を高くして寝ることで、胃酸が逆流しにくくなる。枕だけを高くすると首を痛めることがあるので、腰から緩やかに上がるようにする。

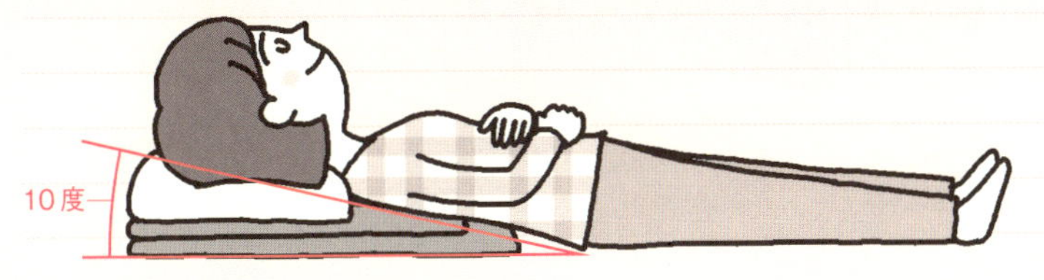

厚手の毛布を3～4枚重ねに折りたたみ、その上に枕を置く。10度くらいの角度に。

＼ 症状が出たとき ／

市販の胃薬をのんでもいい？

胸焼けなどが気になるとき、応急処置的にのむのはかまわない。ただし、1～2週間も症状が治まらないときや、強い症状が出たときは、重大な病気が潜んでいることもあるので、医師に相談してみよう。

胃酸を抑えるタイプの薬

胃酸を抑えたり、中和したりする働きがあり、胸焼けなどの症状を和らげる。

総合胃腸薬

胃粘膜を保護する成分、胃腸の動きをよくする成分、痛みを和らげる成分などが入っていて、総合的に胃の症状を和らげる（胃酸を出やすくする成分が入っているものもある）。

＊使用の際は添付文書を読み、用法や容量を守って服用を。

認知症の人が
劇的変化！

〝アイコンタクトパワー〟全開

GATTEN!

そうだったのか!

認知症の人の目の世界

正常な状態の視野

前方の広い範囲が見える。

認知症の人の視野

視野がぐっと狭くなり、正面にあるものしか見えなくなる。

＊専門家の指導のもと、視界に起きる変化を再現。
＊視覚の変化はすべての認知症の人に出るわけでない。

だから、

正面から視線を合わすことが重要

横から話しかけても、視野が狭くなっている認知症の人には、誰が話しているのか分からない。**正面から目を見て話すようにすること**で安心してもらえる。

アイコンタクトパワーで別人に!?

アイコンタクトが決め手！認知症患者とのコミュニケーション

認知症の主な症状は記憶障害や判断力の低下ですが、触覚や聴覚、そして視覚に変化が生じることもよくあります。視野が狭くなったり、近くの物に気付かなかったりするのです。そのため、認知症の人は健常者とは異なる感覚を持っていると認識し、その世界に寄り添った接し方が必要です。

認知症の人とコミュニケーションを取る際にお勧めなのが、視線と視線を合わせるアイコンタクトです。実際、介護の際にアイコンタクトをしながら話しかけたところ、それまで無反応だった人がうなずきやまばたきで意思を示すようになるなど、よい変化が生まれています。上記の女性も、アイコンタクトで安心してケアを受け入れることができるようになりました。

フランス発・介護メソッド「ユマニチュード」

アイコンタクトを基本にしたフランス生まれの認知症介護メソッドが、今注目を浴びている。

POINT

❶相手から距離を取って正面に立ち、顔の高さに自分の顔を合わせる。相手の黒目を見つめながら笑顔でゆっくりと近づく。

❷しっかり目が合ったところで相手の目を見つめ、ほほえみながら話しかける。

注意 急に横から近づくのはNG。相手を驚かせて混乱させてしまう。

ユマニチュード導入で薬が激減！

パリの病院で2005年にユマニチュードを導入したところ、その後3年間で攻撃的な行動を抑える向精神薬の処方量が激減したと言われている。

意識的に愛情や安心を伝え認知症の問題行動を改善させる

日本を含め世界10か国以上に広がっている「ユマニチュード」。ユマニチュードとはフランス語で「人間らしさを取り戻す」という意味で、40年かけて完成された技法は400を超えるといわれています。

その核となる考え方は、「認知症の人にとって外の世界は不安に満ちたもの。理解不能な状況に直面すると不安が高まり、暴言・暴力などの問題行動を起こすようになる。だから意識的に愛情や安心を伝える技術を学ばなければならない」というものです。

アイコンタクトを重要視したメソッドは、認知症に限らず、高齢者や病気の人など、不安感を抱いている人と接するときにも通用するコミュニケーション技術といえます。

＊ユマニチュードで改善が期待できるのは、暴言や歩き回るなどの周辺症状。認知機能そのものが改善するわけではない。

アイコンタクトだけじゃない

ユマニチュードの技術

ユマニチュードは相手を大切に思っていることを、本人に理解できるように伝える技術。介護される側の症状を問わず、誰にでも使える技術でもある。

丁寧におじぎをしない

認知機能が低下している人はこちらに気付いていないことがある。相手が認識していないのに丁寧なおじぎをしても伝わらないので、まず目を合わせることから始めよう。

程よい距離感を保たない

一般の人には近すぎると感じる距離でも、認知機能が低下している人には安心感を抱かせる距離のことがある。ただし、相手がのけぞったり、後ずさりしたら少し離れて、ちょうどよい距離を探ること。

てきぱきしない

素早い動きは、そんなつもりはなくても「乱暴に扱われている」と受け取られることがある。丁寧にゆっくりと、相手の反応を3秒くらい待つつもりでケアを行う。

余計なことをしゃべる

黙々とケアをすると、「あなたは存在していない」というメッセージが届いてしまう。実況中継のように「右腕を上げますね」、「気持ちがいいですよね」などと、動きや気持ちをどんどん伝える。

間違いを直さない

記憶力や判断能力の低下から、80歳なのに「20歳よ」などと間違ったことを言ったりするが、本人にとっては「真実」なので、否定されると混乱してしまう。その人の世界に飛び込んで受け入れる。

スプーン1杯で
カラダが激変!?

食べるアブラの新常識

GATTEN!

実験してみました

ぽっちゃりさん48人に
あるアブラを毎日小さじ1杯
とってもらいました。

食事は今までどおりで制限なし。おかずにかけたり、そのまま飲んでもOK。中には背脂たっぷりのラーメンや揚げ物、スイーツなどを食べる人も……。

1か月後

33人がやせた！

平均
マイナス0.93kg *

中性脂肪が減った！

中性脂肪値の高い人
17人中12人の
検査値が改善

*1か月前と同じ服装で計測。
*どれだけ減量効果があるかは研究段階。また効果には個人差がある。

さて、そのアブラの正体とは？➡P116

COLUMN

イヌイットに心筋梗塞が少ないワケ

極寒の地に住むイヌイットはアザラシの肉をよく食べる習慣があります。アザラシは寒さから身を守るため、厚い皮下脂肪に覆われていることから、イヌイットは「食事の半分がアブラ」と言われるくらいアブラを食べています。体に悪そうですが、1970年代に行われた研究では、心筋梗塞になる確率がヨーロッパの人々と比べて10分の1以下だったと報告されています。
なぜ、大量のアブラをとっているのに心筋梗塞になりにくいのでしょうか？
そのワケは、アブラの種類にあります。アザラシのアブラは「オメガ3脂肪酸」という特別なものだったのです。

心筋梗塞を防ぐアブラがあった!?

毎日の食生活に欠かすことのできない「アブラ」。そのアブラの常識が一昔前とは変わりつつあります。現在、特に注目されているのはオメガ3（スリー）脂肪酸というアブラで、その代表が上記のアザラシのアブラや、魚のアブラです。
アブラはとりすぎると肝臓で中性脂肪に合成されて蓄えられ、残った分は皮下脂肪や内臓脂肪になります。しかし、オメガ3脂肪酸は肝臓での中性脂肪の合成を阻害したり、代謝を上げることで内臓脂肪や皮下脂肪を燃やしたりする働きがあることが、研究によって解明されつつあります。イヌイットが食べていたアザラシのアブラはこのオメガ3脂肪酸だったため、血液をサラサラにして、心筋梗塞になりにくかったと考えられています。

知って
おこう

＼ 脂肪酸の種類で分類 ／

アブラは大きく分けて4種類

代表的なアブラ

飽和脂肪酸	オメガ9脂肪酸
バター 牛肉 ココナッツオイル パーム油	オリーブ油 なたね油 アーモンドオイル 米油
オメガ6脂肪酸	**オメガ3脂肪酸**
コーン油 大豆油 ごま油	えごま油 亜麻仁油 魚油 アザラシ油

アブラは大切な栄養素
特にオメガ6とオメガ3が大事

アブラは多くとりすぎると皮下脂肪や内臓脂肪になったりしますが、悪者というわけではありません。量やバランスなどのとり方が重要になってくるのです。

アブラはさまざまな種類の「脂肪酸」という分子がブレンドされてできており、どの種類の脂肪酸が多いかで、主に上記の4種類に分類されます。このうち飽和脂肪酸とオメガ9脂肪酸は、体内でも作ることができる栄養素。オメガ6脂肪酸とオメガ3脂肪酸は体内では作られず、食べ物から摂取する必要があるため、「必須脂肪酸」と呼ばれています。

必須脂肪酸のオメガ6脂肪酸とオメガ3脂肪酸をどのように摂取するかが、病気予防とダイエットの重要なポイントになってくるのです。

日本人はオメガ6の割合が多すぎる

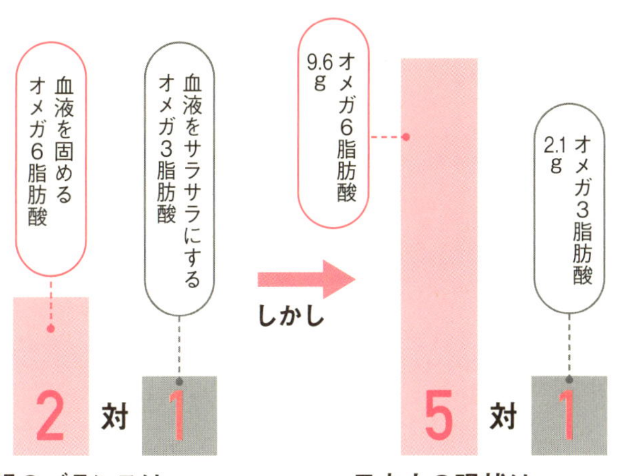

理想のバランスは
（日本脂質栄養学会の推奨する比率）

日本人の現状は
（グラム数は摂取量の平均値。平成28年国民健康・栄養調査より）

オメガ3が少ないと心筋梗塞リスクが約4倍に

オメガ6脂肪酸とオメガ3脂肪酸は、体内で正反対の働きをしています。どちらも大切ですが、一方を過剰に摂取し続けると、血が固まりやすくなって心筋梗塞などのリスクが高まったり、逆に血がサラサラになりすぎて出血が止まらなくなることがあります。

日本人は魚をあまり食べなくなり、オメガ6脂肪酸に比べてオメガ3脂肪酸の摂取量が少なくなっています。そのため、オメガ3脂肪酸の比率を増やして理想のバランスに近づけることが、心血管疾患の予防につながると考えられています。実際、福岡県の久山町（ひさやままち）の住民を対象とした疫学研究では、オメガ3脂肪酸の摂取が少ない場合は、多い場合に比べて心血管疾患リスクが3・84倍にもなることが分かっています。

やって
みよう

＼ 食べ方いろいろ！ ／

オメガ３「えごま油」の上手なとり方

えごま油を毎日スプーンに１杯とってみよう。そのまま飲むだけでなく、サラダやおひたし、みそ汁に入れてもOK。毎朝パンに塗ったり、ヨーグルトに添えたり、コーヒーに入れてもよい。えごま油は熱に弱いので、加熱はせずに、他の料理に添えたり加えたりして食べるのがポイント。

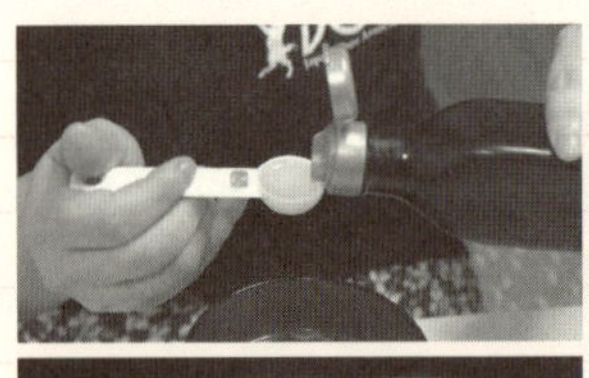

えごまはシソ科の植物で、種を搾ってアブラを抽出したものがえごま油。

人気急上昇のワケ
最も手軽にとれるオメガ３のアブラ

オメガ３脂肪酸とオメガ６脂肪酸のバランスをとるには、魚であれば１か月に15〜30食も食べなければなりません。

そこで注目されているのが、えごま油です。無味無臭のものが多く、手軽に食べることができます。P112の被験者がとっていたのも、このえごま油でした。同じオメガ３のグループの亜麻仁油などでも代用できます。とり方のコツはえごま油と同様です（上記、P117）。毎日とることで心血管疾患のリスク低下や、ダイエット効果が期待できるのでぜひ試してみましょう。

さらにオメガ３脂肪酸は子どもの脳の成長にも欠かせません。妊娠中は胎児に優先的に使われ、母体に不足しがちなので、しっかり摂取しましょう。

＼ 効果を最大限に ／

えごま油の2つの注意点

POINT①

光と熱に弱い

- オメガ3脂肪酸は光と熱に弱く酸化しやすい。そのため、揚げ物や炒め物などの加熱調理には向かない（みそ汁やコーヒーくらいの温度で、食べる直前に入れる程度なら問題ない）。
- 保存は冷蔵庫などの冷暗所で行う（それぞれの商品に書いてある保存方法に従う）。
- 空気に触れると酸化しやすいので、開封したら1か月を目安に早めに使い切る。

POINT②

分量は小さじ1杯（4g）まで

- 高カロリーなので、1日の分量は小さじ1杯までにする（アブラは水に比べて比重が小さいため、小さじ1杯で4g）。
- 過剰にとり続けると、血が止まらなくなることがあるので、とりすぎには注意する。

- ダイエットを目的にしている人は、食事の見直しや適度な運動もお忘れなく！
- オメガ3脂肪酸のアブラを、発泡ポリスチレン製の容器（カップ麺の容器など）に入れると、容器が変質・破損し、やけどなどのおそれがあるので、絶対にしないこと！

すい臓がん超早期発見

生存率が2倍に！

GATTEN!

早期発見が難しい

すい臓がん

自覚症状がなく気付きにくい

5年相対生存率 わずか7.7%

超早期（がんが1cm 以下）での発見率 わずか0.8%

すい臓

すい臓がんは超早期発見が非常に難しい病気。すい臓が腹部の最も奥のほうにあり検査が難しいうえ、自覚症状では気付きにくいからだ。転移もしやすく、進行してから発見されることが多いため、5年後の生存率が他のがんに比べて極端に低いのが現状。

でも、早期発見できれば
5年相対生存率は80.4%に！

○○○検査で超早期発見できる可能性があることが分かりました！

エコー検査で分かる「すい臓がんのサイン」

サイン① 太くなった主すい管

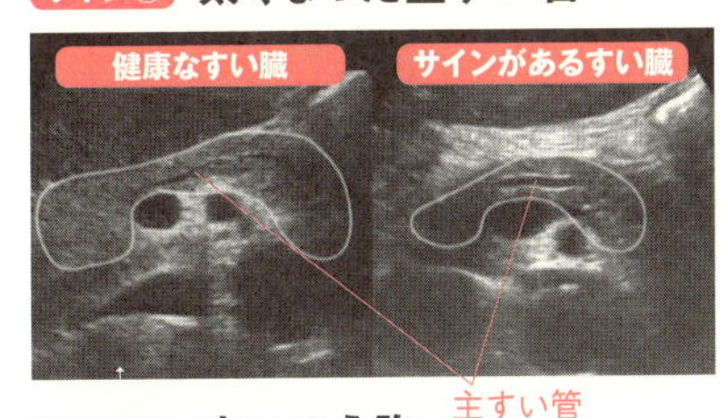

主すい管は、すい臓が分泌したすい液を十二指腸まで運ぶ管。すい臓がんの人や、これからがんが発生しうる人では、それが太くなっている場合がある。

サイン② すいのう胞

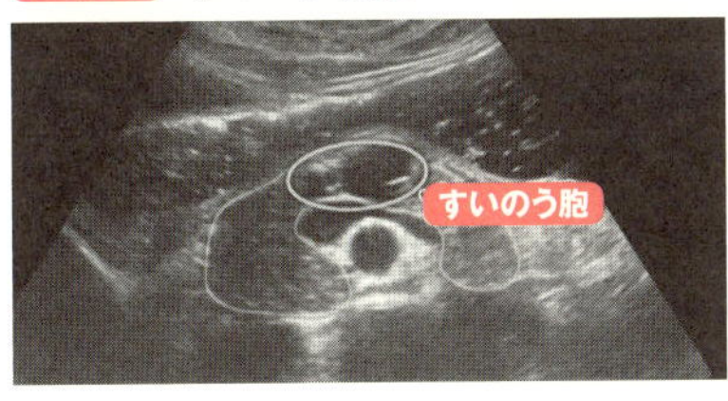

すいのう胞があるすい臓は、がんが発生しやすい。のう胞は液体のたまっている袋状のもの。それ自体ががん化することもあるが、すい臓内の全く別の部位にがんができることもある。

これらのサインがある人は経過観察が必要。ただし、必ずがんになるわけではない。

画像提供：大阪がん循環器病予防センター　田中幸子顧問

すい臓がんの歴史を変えた!? あるプロジェクトの大発見

CTやMRI、PET*などの検査装置でも超早期発見が難しい、すい臓がんに挑戦したのは、大阪の医師たち。「全国的に内科での普及率が高いエコー検査（超音波検査）装置で、すい臓がんを早期発見する」というテーマを掲げ、プロジェクトを始動させたのです。

医師たちはがんそのものではなく、すい臓がんが発生する前に現れる異変に注目。まず過去2万7000人以上のすい臓画像をつぶさにチェックして、小さな異変があった1000人余りを選びました。

対象者にすい臓がんがないのを確認したうえで、定期的に検査を継続。7年間ですい臓がんを発症した12人に、当初から認められていた軽い異変があったことを特定したのです（上記）。

* CT= コンピューター断層撮影法、MRI ＝磁気共鳴映像法、PET= 陽電子放出断層撮影法

知って
おこう

＼ セルフチェック ／

エコー検査を受けるべき人は？

すい臓がん発症リスクのある人

日本膵臓学会「膵癌診療ガイドライン 2016」より

- ☑ 家族（両親、兄弟姉妹、子ども）にすい臓がん経験者がいる。その家族が 50 歳以下で発症している場合は、よりリスクが高くなる。
- ☑ 慢性すい炎（特に診断から4年以内）。
- ☑ 糖尿病（特に診断から2年以内）。
- ☑ 飲酒（毎日ビール 350㎖缶を3本以上相当を飲む人）。
- ☑ 喫煙。

２つ以上当てはまる人は、かかりつけ医や専門医に相談を。

＊エコー検査を行うかどうかは、最終的には医師の判断になる。

こんな自覚症状も
＼ 早期発見のきっかけに！ ／

- みぞおちの辺りが軽く痛む
- 背中（肩甲骨の下から腰の上辺り）が痛い
- 急に血糖値が上がった
- 油が浮いたような下痢

積極的なエコー検査で次々に超早期発見した奇跡の町

すい臓がんの超早期発見に役立つエコー検査を町ぐるみで取り入れ、すい臓がんの生存率を全国平均の約２倍にまで高めている地域があります。

それは広島県尾道市。ある総合病院の医師が行政や開業医に働きかけて、すい臓がんの発症リスクの高い人に対して積極的にエコー検査を行ってもらい、サインが見つかった人には精密検査や経過観察を行うようにしました。その結果、超早期ですい臓がんを発見される人が続出。尾道市では、１㎝以下の早期すい臓がんが全国平均の7倍以上の確率で見つかるようになり、多くの患者の命が救われています。

尾道市の成功が話題を呼び、この取り組みは、今、全国に広がりつつあります。

第2章

CHAPTER 2 "FOOD"

「フライ」「煮魚」などの調理法の極意から「ピーマン」「ひき肉」などの食材のおいしさを引き出すワザまで、食卓を豊かにする方法をご紹介します。いずれもプロの知識や経験、番組の実験に裏打ちされたお墨付きのワザです。

コレステ・
高血圧に！

にんにくの力120％活用＆においの問題解決

GATTEN!

にんにくの基礎知識

天敵から身を守るために、臭くなった⁉

にんにくの原産地は中央アジアにあるキルギス共和国などの高地と推定されている。寒さで凍結しないように、球根には糖質を多く含んでいるが、これを狙う動物たちがいる。彼らから身を守るために、にんにくはかじられるとある成分が発生するように進化したと考えられている。

その正体は「イオウ化合物」

もともと人間にとっては食欲をそそるよい香り。

健康効果も高い！
- がん予防
- 血液サラサラ

など

でも、食べたあとのあのにおいが気になることも……

大丈夫！
におわない
調理法が
あるんです！

くわしくは➡P124

にんにくを毎日食べたらどうなる?

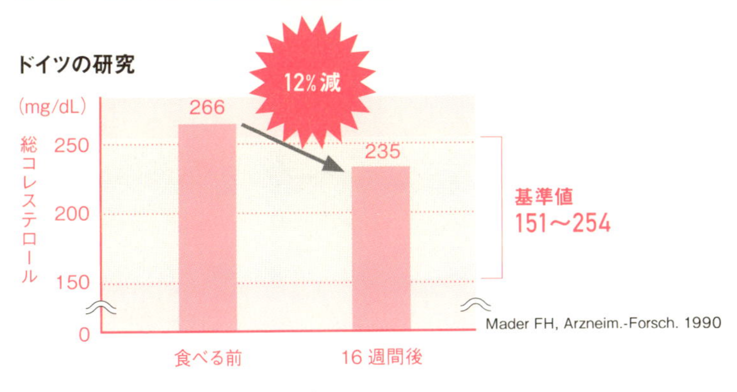

コレステロール値が下がった!

コレステロールや中性脂肪の値が高めの221人が対象。16週間、にんにく粉末入り錠剤0.8g(半かけ相当)を毎日摂取したところ、数値が約12%も下がった。

*にんにくは、生で食べると胃腸の調子を崩すおそれがあるので食べすぎには注意。

にんにくで血圧も改善! においをかぐだけでもいい?

ある研究によると、血圧が高めの52人が6か月間毎日にんにく粉末入り錠剤0.9gを摂取したところ、収縮期血圧(最高血圧)が平均17%下がったと報告されています。この力の源はイオウ化合物。イオウ化合物はにんにくのにおいのもとで、血管を拡張する強い働きがあります。そのため、においをかぐだけでも毛細血管の血流が速くなるなど、体に変化が起こるほどです。

また、アメリカの研究機関による「がん予防効果ランキング」は、今後がん予防のため重点的に研究すべき食品を示したものですが、研究の重要度はにんにくが最も高いとしています。

さらに、総コレステロール値が下がったという研究結果も。にんにくには、期待できるさまざまな健康効果があるのです。

なぜにんにくは臭うのか？　そのメカニズム

にんにくを切って調理すると

1

にんにくの細胞の中には、においわないイオウ化合物「アリイン」が含まれている。

2

切る　酵素

にんにくを切ったり潰したりして細胞が傷つく。同時に酵素も出てくる。

3

アリインが酵素と反応すると、においのある「アリシン」というイオウ化合物に変化する。

にんにくは丸ごと加熱でにおいなし！

にんにく料理を食べると、においのもとであるイオウ化合物が血流にのって全身を巡ります。まず口から、さらに全身の皮膚からもじわじわとにおいが出て、1日以上続くなどということが起きます。

このにおい問題を解決するのが、「丸ごと加熱」。そもそも粒のままのにんにくはあまりにおいがありません。切ると初めてあの独特のにおいを発するのです。つまり、切らずに加熱すればOK。加熱すると酵素の働きが失われるため、その後切ってもあまりにおいはありません。

なお、「無臭にんにく」というものもありますが、そのほとんどは西洋ねぎの一種です。イオウ化合物の量がにんにくより少ないので、健康効果は普通のにんにくとは異なります。

丸ごと加熱のすごい効果

データ提供：東海大学理学部　関根嘉香教授

丸ごとにんにくでいつもの豚汁やカレーが大変身

「丸ごと加熱」の効用はにおい解消だけではありません。にんにくのアリインが煮汁に溶け出して魚や肉などのうまみ成分と一緒になると、味の深みが増します（コク出し効果）。豚汁やスープを作るときに入れてみましょう。

また、アリインでカレーも一晩寝かせたようなまろやかな味わいに（味をまとめる効果）。素材と調味料の味がなじみやすくなるため、しょうが焼きなどに加えるのもお勧めです。さらに肉や魚の生臭さも抑えてくれます（臭み消し効果）。煮魚やもつ煮などに入れてみるのもよいでしょう。

目安は1人分に対して1片。食べる前に取り出しても、食べても、ＯＫ。15分間ほど煮たものはホクホクとした食感が楽しめます。

＼ あると便利！ ／

「丸ごとにんにくオイル」の作り方

においを抑えた「丸ごとにんにく」は、作り置きすることができる。

材料（作りやすい分量）

薄皮付きにんにく
（1片ずつにほぐしたもの）……約200g
オリーブ油……約250㎖

作り方

1. にんにくに竹串などで穴を数か所あける。
2. 小さめの鍋（直径18cm以下）に1と油を入れる。ひたひたにするとムラなく煮ることができる。
3. 2を最弱火で15〜20分間じっくり煮る。
4. 火を止めたら、完全に冷めるまでそのままおき、余熱で中まで火を通す。

- 油の温度が上がり過ぎないように、必ず量を守る。
- Mサイズ以上のにんにくを使う。
- 温度が急激に上がると、にんにくがはじけて危険な場合も。必ず最弱火で、ゆっくりと加熱する。
- IH調理器や五徳が低いコンロは、温度が急激に上がるおそれがあるので使わない。
- にんにくを焦がすと、油まで焦げ臭くなるので要注意。薄皮がむけたにんにくが混ざると焦げやすくなる。

大きな泡がポコポコと出てきたら、温度が上がり過ぎ。にんにくがはじけるおそれがあるため、火を止めてふたをする。

＼ アレンジ自在 ／

「丸ごとにんにくオイル」の保存法＆使い方

保存法

十分に冷ましてから保存容器に入れる。冷蔵庫で1か月ほど保存できる。

使い方

にんにく

薄皮をむいて身を潰すだけ。そのまま料理に混ぜたり、焼いた肉や豆腐、野菜などにつけていただく。しょうゆやみそ、マヨネーズと混ぜて調味料として使うのもお勧め。

油

普通の油と同じように、炒め物やパスタ料理などに使うと、ほのかなにんにくの香りが風味を豊かに。

＼ 煮込まずおいしい ／

簡単！ こくうまトマトスープ

材料（２人分）

水……400mℓ
「丸ごとにんにくオイル」の
にんにく……２かけ
ミニトマト……６個
塩……少々

作り方

1. 鍋に水を入れて煮立て、薄皮をむいて潰したにんにくを入れる。
2. ミニトマトを加えて3分間煮立たせる。
3. 塩を加え、ミニトマトを軽く潰す。

簡単美味！

家庭の「フライ」新常識

GATTEN!

こんなに違う

時代別フライの揚げ方

	昭和の場合	平成の場合
揚げ油の量	たっぷり	少なめ（深さ1cmくらいで揚げ焼きに）
180℃の見極め方*	パン粉が中心	温度センサーが登場
衣	小麦粉・卵	小麦粉・卵

* 180℃で揚げると衣の中の水分が一気に蒸発し、サクサクとした軽い食感になる。

「令和のフライ」の新常識

揚げ油の量→**深さ 2cm くらい**

180℃の見極め方→**塩がお勧め**

衣→**バッター液を使用**

昭和のフライは油をたっぷり使い、温度はパン粉を入れてパッと散るその広がり具合で見極めていました。

平成になると油の量が少なくなり、温度管理はコンロのセンサーに頼るように。

そこで現代のニーズに合ったフライの作り方を大調査。

冷めてもサクサク

令和のフライ「3つのワザ」

ゆらゆら揚げる

揚げ油の量は深さ約2cm。種全体がしっかりつかる量を目安にする。熱した油に種を入れたら衣が固まるまで少し待ち、菜箸で種をゆらゆらと動かす。対流させることで熱い油が種全体に回って色ムラなく、パン粉が立ってサクッと揚がる。

- 油の量は必ず鍋の深さの半分以下にする。
- 「ゆらゆら」させるときは油がこぼれないようにゆっくりと。
- 鍋によっては、揚げ調理を推奨していないものもあるので確認を。

新180℃の見極め方!

温度センサーに頼ると、鍋の材質によっては油の温度が180℃になっているとは限らず、ベチャッとした仕上がりになることも。そのため令和のフライは「塩」で見極める。熱した油に塩を少し入れて水分が蒸発する音を目安にする。入れた直後にパチパチと高く心地よい音がしたら適温。塩は精製塩ではなく、水分の多い粗塩がお勧め。

油から煙が出たら200℃超え。すぐに火を止めること。

バッター液でふわサク!

小麦粉と卵を混ぜたバッター液（P130）なら種全体にパン粉を厚くしっかり付けることができる。衣がほどよいバリアになって種にじんわりと熱が伝わり、バットに取ってから余熱で蒸らすことで柔らかく仕上がる。また、素材の水分をブロックするため、時間がたってもサクサク感が持続する。

バッター液に触れたパン粉は傷みやすいので要注意。

監修：林 幸子

＼ 外はサクサク、中はふんわり！ ／

豚カツ

材料（2人分）

豚ロース肉
（豚カツ用 厚さ1㎝）……2枚
バッター液……基本の分量（下記）
生パン粉……適量（たっぷり）
揚げ油……適量

作り方

1. 肉を室温に戻して筋を切る。
2. 1をバッター液に浸してから、パン粉を敷き詰めたバットに入れる。パン粉を山盛りのせて、手で全体を包むようにしてしっかりとまぶし付ける。
3. 鍋に油を深さ2㎝ほど注いで熱し、約180℃にする。油をかき混ぜて全体の温度を均一にする。2を静かに入れて、衣が固まるまで10秒間ほど触らずに強火で揚げる。
4. 種を菜箸でゆらゆらとゆっくり動かしながら揚げ、表面が色づいてきたら上下返して、同様に揚げる。加熱時間は1分 30 秒間～1分40秒間程度。全体がキツネ色になったらバットに取り、そのまま余熱で3～4分間ほど蒸らす。

＊一度にたくさん揚げると、油の温度が下がる。種同士が重ならない程度に。
＊肉の厚さが1㎝以上のときは余熱の時間を数分延ばす。
＊油をきるときは、バットに寝かせずに立てかけること。寝かせると油や水分が衣にしみてベチャッとした食感に。

種全体にしっかりパン粉が付く

バッター液

材料（基本の分量）

卵……1個
小麦粉……大さじ4
水……小さじ2程度

作り方

ボウルにすべて材料を入れて、手で全体をよく混ぜる。指を立ててホイッパーのようにして混ぜるとダマになりにくく、素早く混ざる。ホットケーキミックスよりやや柔らかい状態になったら完成。

＊「基本の分量」の目安は、豚カツなら2枚分、いかなら2杯分、えびなら10尾分。
＊いかのように、水分の多い食材を揚げる場合は、水を少なめにすると油はねしにくくなる。

＼ ピーンとまっすぐ、ぷりぷりに ／

えびフライ

材料（3～4人分）

えび……10～12尾
バッター液……基本の分量（P130）
生パン粉……適量（たっぷり）
揚げ油……適量

作り方

1. えびは殻をむき、背ワタを取る。尾の先端を切り落とし、包丁でしごいて水分を出す。腹側に5か所ほど斜めの切り込みを入れて、まっすぐに伸ばす。
2. 1をバッター液に浸してから、豚カツ（P130）同様パン粉をまぶし付ける。
3. 鍋に油を深さ2㎝ほど注いで熱し、約180℃にする。油をかき混ぜて全体の温度を均一にする。2を2～3尾ずつ、おなか側から静かに入れて、衣が固まるまで数秒間触らずに強火で揚げる。
4. 種を菜箸で20秒間ほどゆらゆらとゆっくり動かし、全体が薄いキツネ色になったらバットに取り、そのまま余熱で3分間ほど蒸らす。

＼ サクサクで油はねしにくい ／

いかリング

材料（4人分）

するめいか（胴）……2杯
バッター液……基本の分量（P130）
乾燥パン粉…適量（たっぷり）
揚げ油……適量

作り方

1. いかは1㎝幅に切り、キッチンペーパーでしっかり水けを取る。
2. 1をバッター液にしっかり浸してから、パン粉を敷き詰めたバットに入れる。パン粉をのせて、手のひらで押すようにして、全体にきれいに付ける。
3. 鍋に油を深さ2㎝ほど注いで熱し、約180℃にする。油をかき混ぜて全体の温度を均一にする。2を2～3個ずつ静かに入れて10秒間、返して5秒間、計15秒間を目安にゆらゆらとゆっくり動かしながら強火で揚げる。
4. 全体が薄いキツネ色になったらバットに取り、油をきる。余熱で火を通す必要はない。

（レシピ監修：林 幸子）

GATTEN! FOOD

これぞ！令和に伝える料理ワザ

時短ふわっトロ煮魚の神髄

街で聞いてみました

「家で魚を食べるとしたら、どうしますか？」

結果

1 生で食べる

2 焼く

3 煮る

煮魚はぶっちぎりの最下位でした！

その理由は

- おいしくない
- パサパサしている
- 手間がかかる
- 味がしみ込んでいない
- 生臭い

でも、ある一点を変えるだけで、フワフワで超おいしい煮魚がラクに作れます！

ケース コトコト煮ても味がしみ込まない？

衝撃の事実！ そもそも魚に味はしみ込まない

ふっくらと柔らかくて、中まで味がしみ込んでいる煮魚。でも、それを作るのは至難のワザ。魚の中に味がしみ込むようにとじっくり弱火でコトコトと煮ているのに、出来上がった魚の身は白いままで、しかも硬くてパサパサだったりします。

そこで、和食のプロの料理人に聞いてみたところ、「じっくり弱火でコトコト煮る」こと自体が間違いの元だと分かってきました。そもそも魚の中に味はしみ込まないといいます。しみ込まないのに、弱火とはいえコトコト加熱し続ければ、身が硬くなるのは当然のことでした。

味をしみ込ませるのではなく、魚をふっくら仕上げる。そして煮汁とともに食べる。それがおいしい煮魚の神髄だったのです。

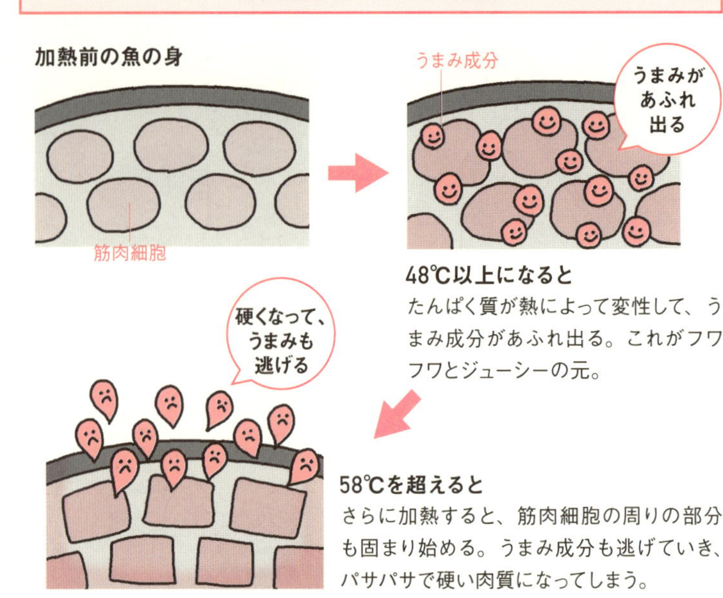

プロは一気に加熱して3分半で煮魚完成

魚を加熱すると、48〜58℃の間でうまみ成分が出てきます（上記）。この温度の範囲で作れば、うまみたっぷりでフワフワのおいしい煮魚に仕上がるはずです。

それを知っているから、和食のプロは煮魚を高火力コンロの強火で一気に仕上げました。時間にして3分半。また、効率よく加熱するためには、落としぶたも不可欠です。落としぶたによって煮汁を材料全体に行き渡らせ、魚の身に火を通すことができます（次ページ）。これも強火だからこそできること。こうして、58℃を超えることなく、フワフワの状態になったのです。

このように一気に加熱して作る煮魚は、決して難しい料理ではありません。むしろ忙しい毎日にぴったりの「時短料理」といえるでしょう。

知って
おこう

＼ ああ残念 ／

“弱火で落としぶた”は意味がない

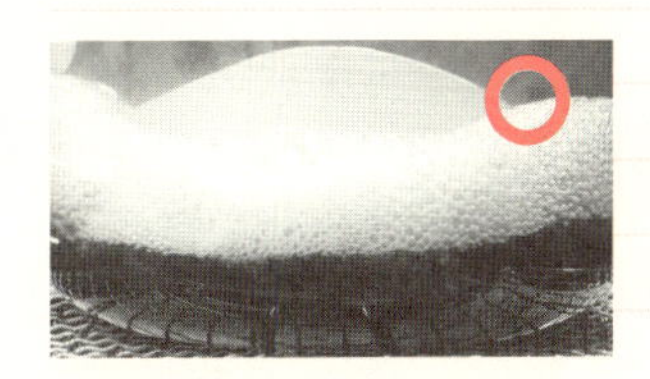

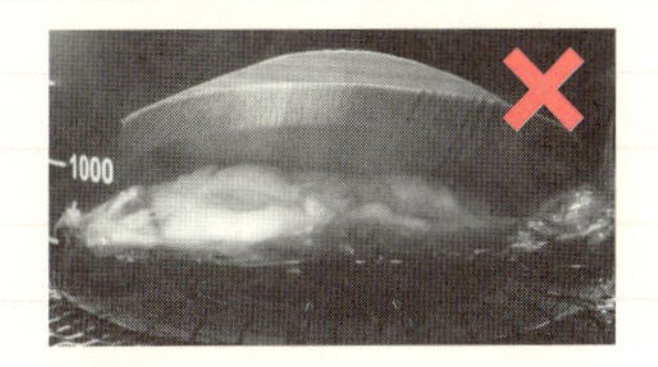

強火 **少ない煮汁で火が通る**

泡が対流して材料全体に行き渡るので、少ない煮汁で火が通りやすい。

弱火 **なかなか火が通らない**

泡の勢いがなく、材料の下のほうにしか届かないため、全体に火が通りにくい。

＼ 気になる人に ／

魚の臭み抜きワザ

流通システムが発達した現在は新鮮な魚を入手できるので、基本的には魚の臭み抜きは不要。気になる場合は以下の方法で抜こう。

やり方

1. バットに塩を振って、魚をのせる。
2. 魚の上からもう一度塩を振る。
3. 10 分程度おいておくと、水分と一緒に臭みが出てくる。
4. 湯で塩を洗い流す。

（監修：野﨑洋光）

＼ これが基本 ／

ふわっトロ！ 煮魚

材料（２人分）

魚切り身……2 切れ（約 200g）
煮汁
- 水……150㎖
- 酒……50g
- 砂糖……20g
- しょうゆ……20g

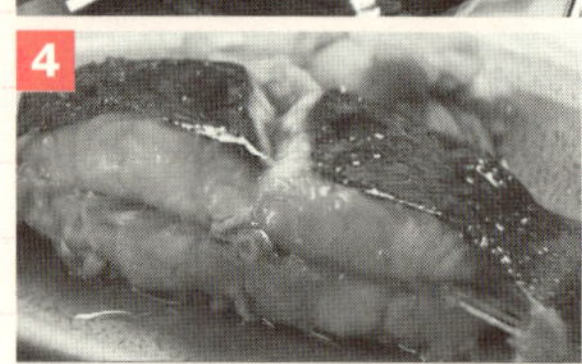

作り方

1. 魚に切り目を入れる。かれいなどの骨があるものは、より火を通りやすくするため、両面に切り目を入れる。
2. 鍋に1と煮汁の材料を入れる。
3. 落としぶたをして、強火にかけて沸騰させる。しっかりと沸騰（およそ2分）し、泡立ってきたことを確認したら、そのまま強火で３分半煮て、落としぶたを取る。
4. 魚を器に盛り、鍋に残った煮汁を好みの濃さに煮詰める。煮汁を魚にかけて出来上がり。

- 落としぶたが紙の場合、加熱中の吹きこぼれに気を付ける。吹きこぼれそうになったら火を少し弱める。
- 強火にすると吹きこぼれることが多いので，浅い鍋やフライパンの使用は避ける。

POINT

- ☑ 鍋は魚の大きさとほぼ同じくらいの小ぶりの鍋を使う。大きすぎると熱の対流が悪くなる
- ☑ 煮汁が多すぎると煮詰まらないので注意
- ☑ 厚みが 2㎝以上ある切り身を使う場合は、加熱時間を延ばす
- ☑ 卵がある魚は、取り出しておく

（レシピ監修：林 亮平）

＼ 世界一のシェフが考案 ／

春のおすすめアレンジ煮魚

材料（２人分）

菜の花……4 本
きんめだい
（塩を振って10 分ほどおいたもの、約 60g のもの）……2 切れ
あさり……200g（約 12 個）
たけのこ…… 60g
酒……50mℓ
水……150mℓ
グリンピース……20g
そらまめ（皮をむく）……10 個
生クリーム……40mℓ
バター……20g
塩……適量

作り方

1. 小さめの鍋に菜の花を敷き、きんめだい、砂抜きしたあさり、半分に切ったたけのこの順に入れる。酒、水を加え、落としぶたをして強火にかける。

2. 煮汁が沸騰したらそのまま強火で３分半煮て、落としぶたを取る。あさりの口が開いていたら、具材を器に盛り、グリンピース、そらまめを鍋に入れる。

3. 2に生クリームとバターを加え、好みの濃さに煮詰める。塩で味を調える。

4. グリンピースとそらまめを２の器に盛り、3のソースをかけて出来上がり。あれば菜の花の花を散らす。

POINT

- ☑ 落としぶたは、たけのこの皮やキッチンペーパーで代用してもよい
- ☑ あさりの口が開いたら、魚にも火が通っている

（レシピ監修：浜田統之）

そう来たか！
達人直伝

本当にうまい刺身が家庭で！

GATTEN!

知ってビックリ!

刺身の鮮度を守るコールドチェーン

「魚は氷から離さない」が鉄則

釣り上げた魚は船上ですぐに氷の中へ。それ以降も、運搬、解体などを経て刺身として店頭に並ぶまで、常に新しい氷を追加・交換し続ける。徹底した温度管理で鮮度を保ちながらおいしい刺身を消費者に届けるための仕組みは、コールドチェーンと呼ばれている。

では、
店で刺身を買い、
家まで持ち帰るときは、
どうしていますか？

ここにおいしい刺身を
食べるためのカギが!?

なぜ、魚のプロたちは徹底的に冷やし続けるのか？

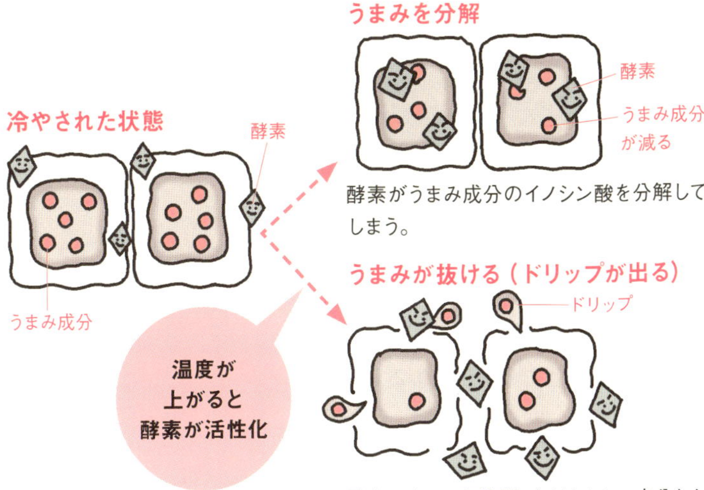

酵素によって細胞膜が破壊され、水分とともにうまみが出てしまう。これがドリップ。

冷やさずに持ち帰れば たちまち刺身はまずくなる

刺身は温度管理が命。温度が上がるとすぐに劣化してしまうので、常に冷やしながら店まで運び、売り場のケースも0℃前後に保たれています。これがコールドチェーンという仕組み。

ところが、多くの消費者はスーパーなどで買った刺身を買い物袋に無造作に入れて、氷なしで持ち帰っています。実験では、カゴに入れた時点で1℃だった刺身が、20分後にレジへ持って行った時点で8℃に。すでにドリップ（上記）が出始めていました。外に出て10分歩いたところで15℃、20分歩くと20℃まで上昇。ドリップもどんどん出ていました。これではコールドチェーンの努力も台なしです。

そこで、なるべくドリップを出さずに持ち帰るための方法を、次にご紹介します。

＼ うまみを逃さない！ ／

刺身の持ち帰り方

❶ポリ袋に氷を詰める

氷をポリ袋に控えめに入れ、空気が入らないようにクルクルひねり、上のほうで結ぶ。ねじりを戻し、袋いっぱいに氷を広げる。

❷刺身と氷をポリ袋に入れる

別のポリ袋に1と刺身を入れる。刺身の容器のふたがプラスチックの場合は氷を上に、ラップの場合は氷を下にする。

❸買い物袋に商品を詰める

刺身以外の商品を、買い物袋に隙間がなるべくできないように詰める。隙間があるとそこから温度が上がってしまう。

❹買い物袋の空気を抜き、縛る

一番上に刺身をのせ、買い物袋の中の空気を抜き、口を縛る。

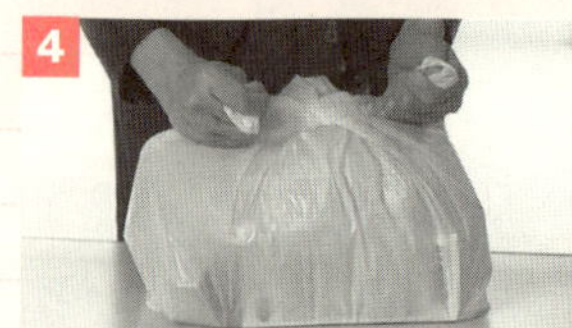

POINT

- ☑ なるべくレジへ行く直前に刺身をカゴに入れる
- ☑ 店を出たら、買い物袋になるべく直射日光が当たらないようにしながら帰る。すぐに冷蔵庫（チルド室）に入れる

（指導：前田尚毅）

＼ さらにおいしく変身！ ／

もっちり食感・達人の塩じめ

スライスしてある刺身よりドリップの出にくいサクで、冷凍マグロも極上の刺身に！

【基本】マグロやサーモンのサク

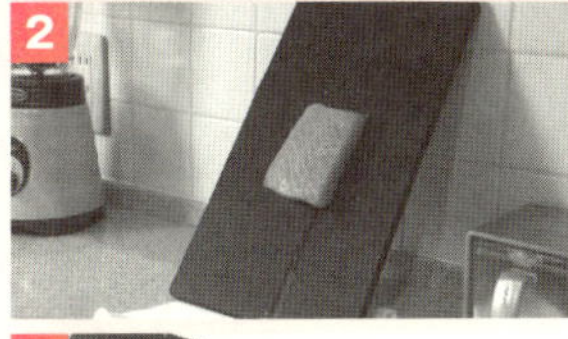

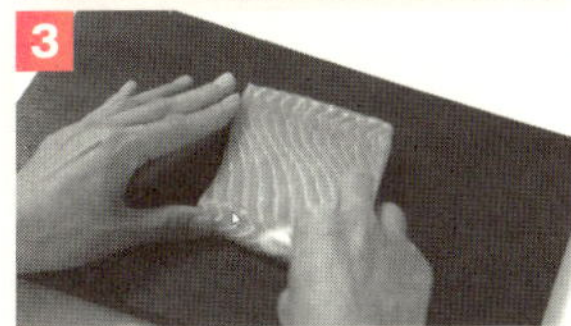

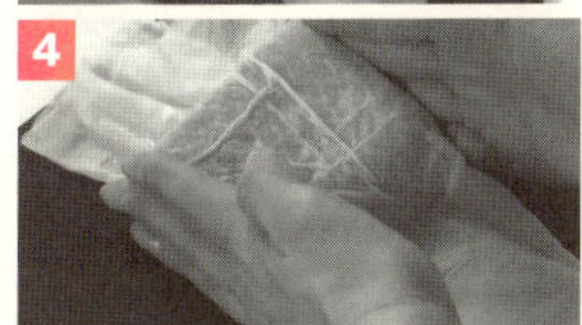

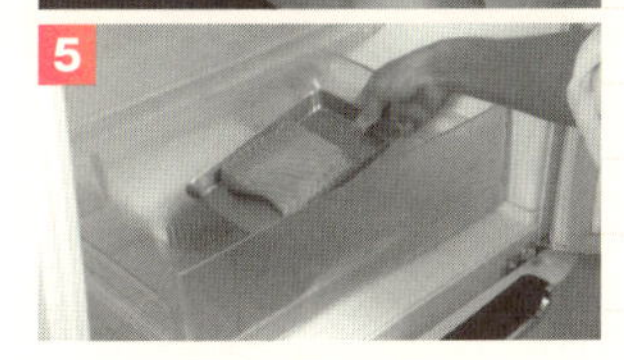

1. まな板に塩を振り、解凍したサクをのせて上からも塩をまんべんなく振る（焼き魚に振る塩よりも多めに）。

2. 1を斜めに立てかけ、サクから出た水分が下に落ちるようにして約30間分おく。
★室温*でも塩の効果でうまみは逃げない。出てくるのは臭みを含んだ余分な水分。
*ただし高温は避ける。

3. 湿らせた厚手のキッチンペーパーで塩を拭き取る。指で触って味をみて、塩けがあれば新しいキッチンペーパーで再度拭き取る。

4. 新しいキッチンペーパーをかぶせ、側面をそっと押して余分な水分を取る。

5. バットなどにのせ*、ラップをせずに冷蔵庫（チルド室）で30分間以上冷やす。
*サクの下にラップを敷くと、くっつき防止になる。

しょうゆは控えめでも
おいしくいただける

タイのような身の薄いサク

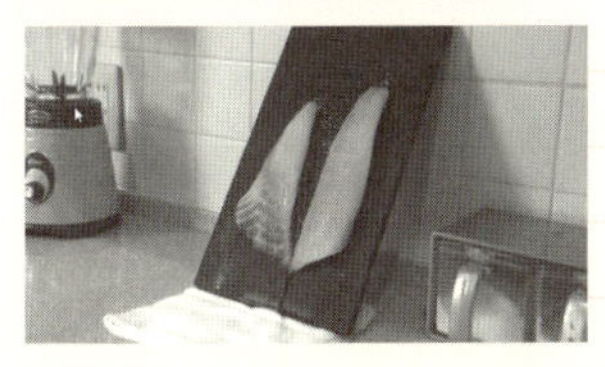

基本はマグロと同じだが、皮を下にしてまな板に置く。細いほう（尾びれ側）が上になるように立てかけて、脱水時間を約15分間にする。腹側は身が薄いので7～8分間でOK。

（指導：前田尚毅）

手間なし！
極ウマ！

万能調味料を パックのかつお節でつくる

GATTEN!

どの家にもある!?

冷蔵庫の中の使い切れなかった“かつお節”パック

“かつお節パック” は使い切るもの

開けたては香りがよいが、いったん開封すると……

パック開封後の香りの変化

香りが落ちていく

開封後空気に触れて酸化するため、香りの評価は時間の経過とともに悪くなっていく。冷蔵庫に入れていても酸化は進むため、1～2週間たつと鼻にツーンとくるような嫌なにおいになることも。

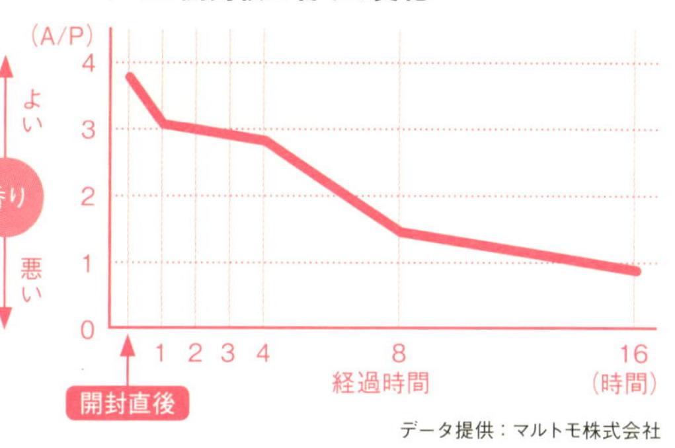

データ提供：マルトモ株式会社

水分もとんでいく

開封後36時間ほど過ぎると、約18％から約11％に水分が減少してしっとり感がなくなり、パサパサした食感になってしまう。

かつお節は超優秀食材 もっと豪快に盛って食べよう

かつお節は、伝統的な製法でつくられた発酵食品で、和食に欠かすことのできない食材です。このかつお節を細かく削って小分けパックにした〝かつお節パック〟が登場したのは、1969年。食べるかつお節として、いまや食卓になくてはならない定番商品となりました。

かつお節は香りや味のよさで料理をおいしくする食材のため、かつお節パックもある程度の量を使わないと本来のおいしさを味わうことはできません。しかも、開封したら風味は一気に落ちてしまいます（上記）。使い切れずに、開封したものを冷蔵庫などで眠らせてしまうという声も聞かれますが、一度で使い切るつもりで、料理にたっぷりのせたり、混ぜたりして使いましょう。

＊使い切りやすいサイズのパック（1～2g）を販売しているメーカーもある。

かつお節のおいしさのカギは「香り」と「油」

代表的な香り成分

ピラジン類　肉を焼いたときの香ばしさ（ロースト香）や甘さなどの香り。ベーコンやナッツ、チョコレートにも含まれている。

フェノール類　くん製のような香り。渋さや深みがあり、コーヒーやバニラ、ウイスキーにも含まれている。

かつお節の香り成分は320種以上

↓

コクを増す効果

これらの成分が合わさった香りには、コクを増す効果がある。

↓

香りを油に閉じ込める

かつお節の香りの成分は脂溶性なので、かつお節を油に閉じ込めて保存すれば、香りを逃がさず、コクを増す効果も失われない。

余ったかつお節から新しいおいしさの世界が広がる

かつお節パックは一度で使い切るのが理想ですが、余ってしまったときは、かつお節の特性を生かした自家製調味料にしてみましょう。

豊かな香りを油に封じ込めた万能調味料なので、料理に使うと見違えるほどおいしくなって、減塩効果もあるという優れものです（P145）。脂溶性であるかつお節の香りの成分は、アルコールにも溶けやすい性質があります。料理酒に封じ込めて使えば、料理のだしのもと代わりに活用できます（P146）。

かつお節には製法の違いで「荒節（あらぶし）*」と「枯節（かれぶし）」の2種類ありますが、枯節のほうがよりコクが増しておいしくなります。パッケージの品名が「かつおかれぶし削り」や「かつお節削り節」などのものが枯節です。

*品名が「かつお削り節」のものは、荒節を削ったもの。

＼ 香り高い万能調味料① ／

かつおオイル

材料

かつお節……適量
油……適量

作り方

1. パックのかつお節をもんで細かくする。
2. ふだん使っている油の中に入れる。

POINT

- ☑ 香りの強いごま油やオリーブ油より、なたね油や米油がお勧め
- ☑ 油の容器の口は小さいので、かつお節を入れるときは料理用漏斗（ろうと）を使うとよい
- ☑ 使うときはよく振ってから使う
- ☑ 1か月間は常温保存可能

かつおオイルの使い方

青菜炒め

青菜をかつおオイルで炒めて塩で味付けするだけ。いつもの油よりもコクが出て味がグレードアップ。

カルパッチョ

刺身にかつおオイルをかけて塩、こしょうを好みで振るだけで、上品な味のカルパッチョに変身。

ドレッシング

酢と混ぜ合わせればサラダドレッシングにも。

＼ 香り高い万能調味料② ／

かつお酒

材料

かつお節……5ｇ
料理酒……100mℓ

作り方

1. パックのかつお節をもんで細かくする。
2. 好みの保存瓶に入れて、料理酒を注ぐ。

POINT

- ☑ 必ず料理酒を使い、原材料に塩が入ったものにする
- ☑ 料理に使うときはアルコールを飛ばす
- ☑ 1か月間は常温保存可能

かつお酒の使い方

めんつゆ

水400mℓに対して、かつお酒大さじ2＋しょうゆ大さじ3＋みりん大さじ3を入れ、よく煮立ててアルコールを飛ばす。

みそ汁／お吸い物

水200mℓに対して、かつお酒大さじ1を入れて煮立たせる。

目玉焼き

卵1個に対して、かつお酒大さじ1を水の代わりに振りかけ、ふたをして好みの硬さに焼けば、いつもの目玉焼きが激ウマに。

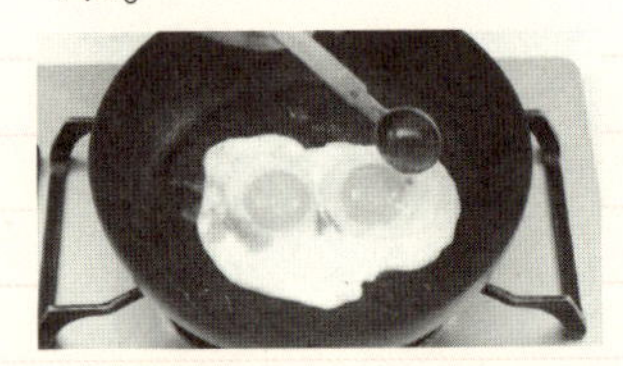

＼ いつものバターがワンランク上のおつまみに ／

かつお節バター

材料

かつお節……10g
バター……100g

作り方

1. パックのかつお節をもんで細かくする。
2. 常温に戻したバターにかつお節を入れてよく混ぜる。
3. ラップに包んで冷蔵庫へ。

- ☑ バターは無塩バターより、有塩バターがお勧め
- ☑ 1か月間ほど冷蔵保存可能

＼ 驚きのおいしさ ／

かつお節アイス

材料

かつお節……2g
バニラアイスクリーム（市販）……200㎖
塩……小さじ 1/5（1g）

作り方

1. パックのかつお節をもんで細かくする。
2. ボウルにアイスクリーム、1、塩を入れてよく混ぜる。器に盛り、好みでミントを飾る。

POINT

- ☑ アイスクリームの種類によって塩の適量が変わるので、量を調整する。また、時間をおくと塩分を強く感じる場合がある

GATTEN! FOOD

本当にスゴいのは味だった！

スーパー〃葉もの〃小松菜活用術

GATTEN!

知ってた？

小松菜の変身術

小松菜はアブラナ科アブラナ属ラパという植物の変種。アブラナ、白菜、野沢菜、かぶなどもラパの変種。植物としては同じ種類なので交雑しやすい。

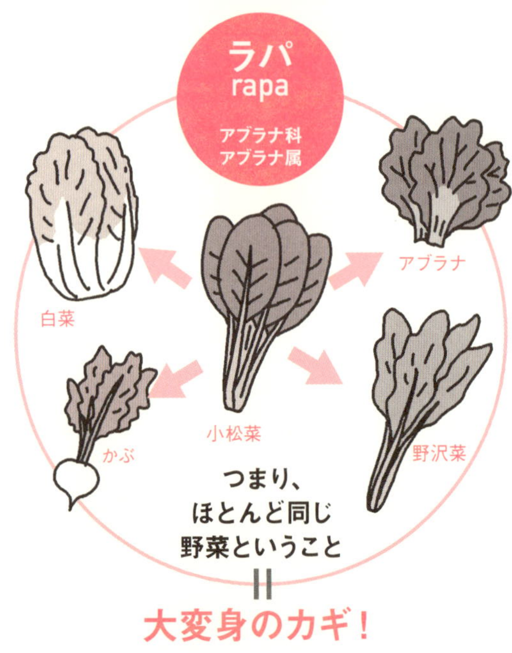

＝

大変身のカギ！

そこで、

小松菜を➡アブラナに

➡白菜に

➡野沢菜に

1つの野菜で3つの味が楽しめるように

大変身！させてみました➡ P150

やって
みよう

＼ ガッテン流 ／

まずは、定番小松菜のおひたしを絶品に！

小松菜は栄養価が高く、特に鉄分はほうれんそうの約1.4倍、カルシウムは約3.5倍。ミネラルや葉酸も豊富で「天然のマルチサプリ」と呼ばれるほど。値段も一般に安価なので、積極的に食べたい。

POINT

- ☑ 水にとって絞らないから、うまみや甘みたっぷり！ とれたてのような濃厚な味わいに！
- ☑ 15秒間しかゆでないため、カルシウムや鉄分が逃げにくい！
- ☑ ほうれんそうのようなシュウ酸がないので、長くゆでて水にさらす必要はない

材料

水……1.5ℓ（目安）
小松菜……6株（約1袋分）

作り方

1. 深めの鍋に水を入れて火にかけ、沸騰したら小松菜を2株入れる。15秒間ほどゆでたら取り出してバットなどに取り、余熱で火を通す。
2. 残りも同様に2株ずつゆでて、バットに重ね入れる。
3. 粗熱が取れたら、食べやすい長さに切る。好みでかつお節やしょうゆをかける。

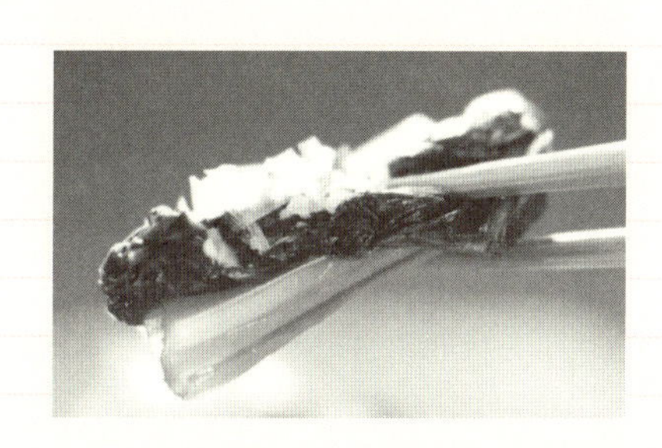

＼ アブラナに大変身! ／

ピリ辛小松菜しゃぶしゃぶ

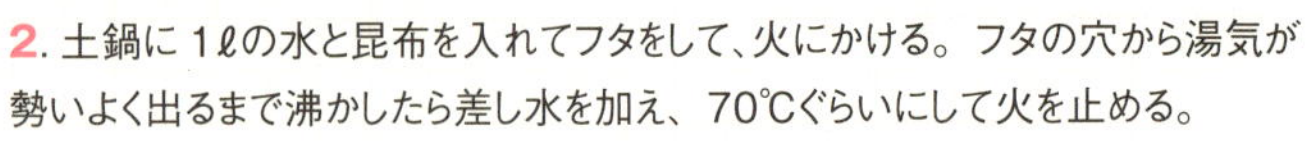

材料（9号の土鍋を使う場合）

小松菜……適量　　昆布……適量
水……1ℓ　　差し水……1ℓ

作り方

1. 小松菜を葉と茎に切り分け、葉の部分を使う（茎は別の料理に使う）。
2. 土鍋に1ℓの水と昆布を入れてフタをして、火にかける。フタの穴から湯気が勢いよく出るまで沸かしたら差し水を加え、70℃ぐらいにして火を止める。
3. 1を1枚ずつ入れて、しゃぶしゃぶの要領で3回くぐらせる。

＊湯の温度が下がらないうちにサッとゆでること。
＊9号以外の土鍋を使う場合は、湯と差し水の割合が1：1になるように調節する。

! 小松菜の辛みは、品種や産地、収穫時期、葉1枚ごとに大きく異なる。ものによっては辛みがほぼないものや、辛みが強いものもある。

同じ種「ラパ」だから共通する辛みやうまみがある

小松菜と同じアブラナ科アブラナ属ラパ種の野菜には、それぞれ共通する辛みやうまみがあります。調理法をひと工夫すれば、小松菜1つでいろいろな野菜の味が手に入ります。

例えば、小松菜を低温でゆでるとピリ辛のアブラナのような味に。小松菜の細胞には辛みのもとが含まれていますが、細胞の外にある酵素と反応しないと辛みは発生しません。高温でゆでれば細胞が壊れ、辛みのもとは外に出ますが、酵素も壊れてしまいます。そこで低温加熱。細胞が壊れ、酵素が一番よく働く温度でゆでることで辛みが発生するのです。

また、実は小松菜にはうまみ成分のグルタミン酸が豊富。じっくり煮込むことで、白菜のようなうまみも引き出すことができます。

＼ 白菜に大変身! ／

うまみたっぷり小松菜だし

材料

小松菜……150g
水……500mℓ
塩……小さじ1/2

作り方

1. 小松菜は食べやすい大きさに切る。
2. 鍋に分量の水を入れ火にかけ、沸騰したら1を入れて5～10分間煮る。
3. 塩を加える。これで小松菜だしの完成。お好みの具材を加えていただく。

POINT

- ☑ 肉類を入れなくても、小松菜だけで十分よいだしが出る
- ☑ 応用例
  和風スープ➡大根、にんじんを加えて煮る
  中華風スープ➡もやしを加えて煮る。仕上げに白髪ねぎ、ごま油を入れる
  ミネストローネ風➡トマト、ひよこ豆を加えて煮る

＼ 野沢菜に大変身! ／

シャキシャキ小松菜の漬物

材料

小松菜……250g
塩……7.5g（小松菜の重さの3%）

作り方

1. 小松菜は長さを半分に切り、ジッパー付き保存袋に入れて塩を加える。袋の上から全体を軽くもみ、空気を抜いて冷凍庫に入れ、一晩おく。
2. 1を解凍し、水気を絞り、食べやすい長さに切る。

ガッテン調べ

Q. 豚ひき肉は、どんな肉？

A. 80％が「ウデ肉」です

ひき肉の材料は、ロースやバラなどの肉の切れ端や筋などの余り物、と思っている人も多いかもしれない。豚肉の場合、約20％はそうだが、実は約80％は余り物ではなく、ウデ肉（番組調べ）。

豚ひき肉の使用部位の割合

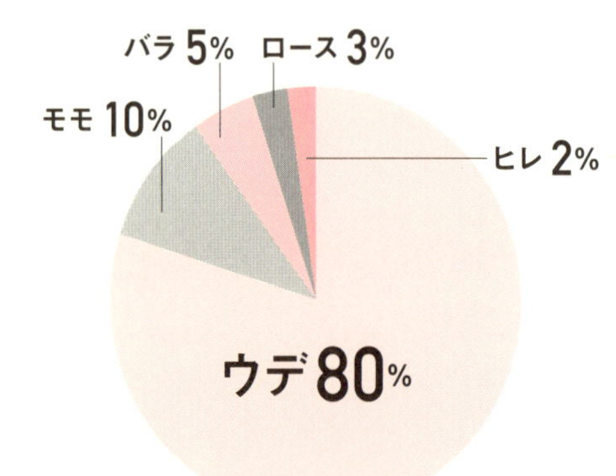

＊ひき肉にウデ肉を使う割合は店舗や販売状況などによって異なる。

ウデ肉、実は最強のうまさ

うまみ成分の「グルタミン酸」がどれだけ含まれているか、豚肉の部位別に見てみると、ウデ肉に最も多いことが分かる。

豚肉の部位別グルタミン酸量

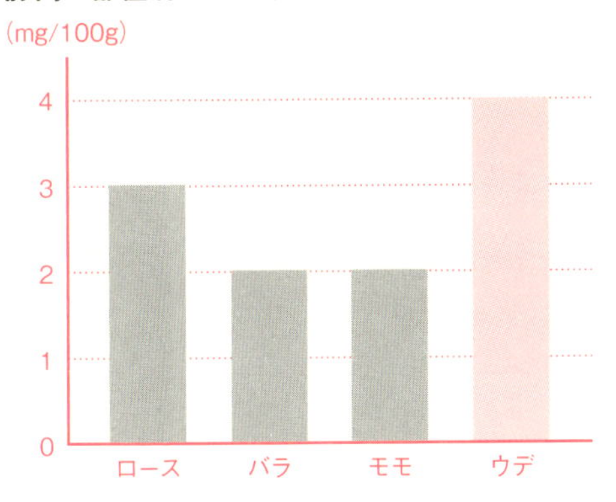

ウデ肉の特徴

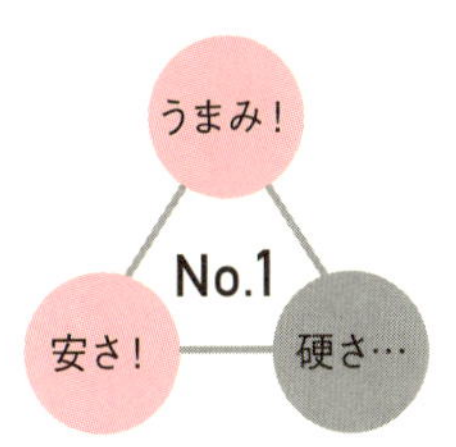

ウデ肉は他の部位に比べて最もうまみがある。しかし、肉質が硬いため消費者に好まれず、値段は安い。硬い肉を食べやすくするため、ひき肉にすることが多い。

ひき肉に使う「超お得ウデ肉」はなぜおいしい?

ウデ肉の魅力は味の濃さ。「肉として最強の味」とたたえるシェフもいるくらいです。

その強いうまみの正体は遊離アミノ酸の一種、グルタミン酸です。豚は前足に重心をかけて歩くので、よく使う部位のウデ肉は、筋肉が傷みやすくなります。それを修復するための遊離アミノ酸が、ふだんからたくさん蓄えられているため、ウデ肉はうまみが非常に強いのではないかと考えられています。

ただし、ウデ肉には筋や脂が点在しているので、手間をかけて下処理をしないと、硬くてなかなか噛み切れません。ひき肉にするのは柔らかく食べるための工夫なのです。

牛ひき肉も同様で、よく動かす部位でうまみが強く硬い「スネ肉」が多く使われます。

砂糖と塩で水分キープ！

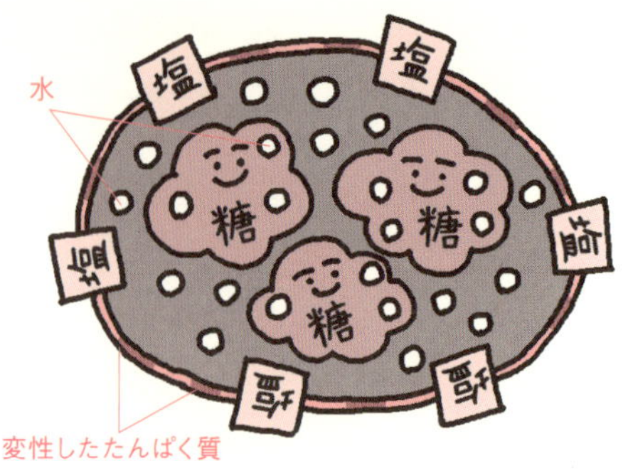

砂糖と塩を溶かした水をひき肉にかけてなじませ、10分ほどおく。ひき肉100gに対し、水大さじ2、砂糖と塩各1gが目安。

なぜジューシーに？　3つの働き

1. 足した水が肉に吸い込まれる。
2. 糖の保水力で水分を抱え込む。
3. 塩が肉のたんぱく質を変性させて膜のような働きをし、水分を閉じ込める。

＊ひき肉に下味がつくので調味の際、味の濃さに注意。

ひき肉はパサパサ度もナンバーワン

味よく安く柔らかいひき肉は最強の肉といえますが、欠点もあります。それは加熱すると水分がとびやすく、パサパサになりやすいこと。

塊肉は加熱しても熱がゆっくり内側に伝わるため、水分があまり出ていきません。一方、ひき肉は細かくバラバラになっているため、一気に熱が伝わり、その分、水分が早く抜けることに。実際、実験で豚ひき肉100gを炒めたところ、すぐに68gに減ってしまいました。水分が約⅓もなくなってしまったのです。

しかし、ある下ごしらえをすれば、簡単にジューシーにできます（上記）。

また、グルタミン酸は水溶性なので、水分が多いと舌の上にうまみが広がりやすく、よりおいしく感じることができます。

＼ つなぎ不要 ／

牛100%ハンバーグ

- どちらも食中毒の危険性を下げるために、必ずひき肉の中まで火が通っていることを確認する。
- 加熱のしすぎにも注意！

材料（1人分）

水……大さじ2
砂糖……小さじ1/3（1g）
塩……小さじ1/5（1g）
牛ひき肉……100g
サラダ油……小さじ1

作り方

1. 水に砂糖と塩を混ぜて、溶かしておく。
2. ボウルにひき肉を入れて1を加える。肉を練らないようにして全体を混ぜ合わせて10分間おく*。
3. 全体をサッと混ぜ、厚さ1cmに成形する。こねずに軽くたたくようにする。
4. フライパンに油を熱し、3を入れて中火で2分間、返して2分間焼く。火を止めてからフタをして5分間おき、余熱で火を通す。

＼ ふわふわジューシー ／

そぼろご飯

材料（1人分）

水……大さじ2
砂糖……小さじ1（3g）
しょうゆ……小さじ2（12mℓ）
豚ひき肉……100g
ご飯……1膳分

*砂糖としょうゆの量は、好みに合わせて調節してもよい。

作り方

1. 水に砂糖としょうゆを混ぜて、溶かしておく。
2. ボウルにひき肉を入れて1を加える。肉を練らないようにして全体を混ぜ合わせて10分間おく*。
3. 2をフライパン全体に薄く広げ、混ぜずに強火で1分30秒間加熱する。
4. 全体に火が通るようにへらで混ぜながら30秒ほど炒め、ひき肉の色が変わったら火を止める。
5. 余熱で30秒間ほど炒め、ご飯にのせる。好みでゆでた絹さやを飾る。

*長時間おくと水分が抜け始めることがあるので、調理時間を守ること。

GATTEN! FOOD

うまっ!

ピーマン嫌いの保育園児が参加

ケース ○○○したら 苦手なピーマンが食べられた!?

ピーマン大嫌い園児 10 人中 7 人が

ピーマン好きに大変身!

共通するのは「苦くない!」という声。

Q. それはなぜでしょう?

A. 丸ごと焼いたから

調理で失われるピーマンの水分量

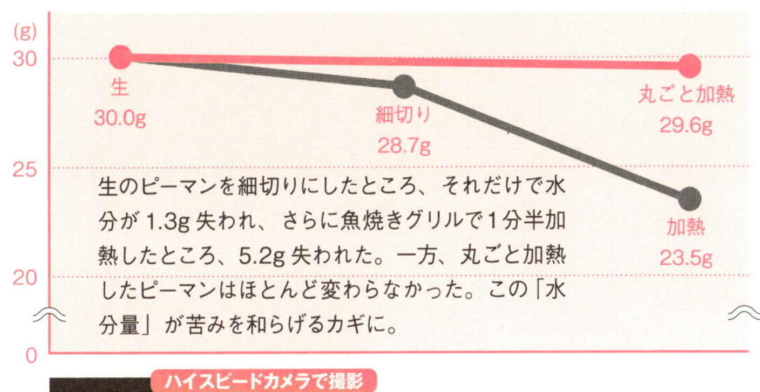

ハイスピードカメラで撮影

もともとピーマンには水分がたっぷり！

生のピーマンを切って内側のデコボコしたほうを上にしてゆっくり反らすと、内側の特殊な細胞「巨大細胞」から、水が噴水のように飛び出した！

「苦くない！」理由は ジュワーッとあふれる水分

子どもが苦手な野菜の代名詞・ピーマン。「えぐみ」を感じさせる成分と「青臭さ」を感じさせる成分を舌と鼻で同時に感じると、脳が「苦い」と認識することが分かってきました。

ピーマンを丸ごと焼くと、この苦みが激減。焼くことで青臭さが減ることだけが理由ではありません。丸ごと焼いたピーマンにたっぷり閉じ込められた水分が苦みを感じさせる成分を薄めているのかもしれないと、専門家は言います。

ピーマンの原種は中南米原産のとうがらしです。大変乾燥した土地に生育するため、他の部分より体積が300倍も大きい「巨大細胞」（上記）を備え、水をしっかり蓄えるようになりました。この水分をいかに逃がさず調理するかが、苦みを抑えるポイントなのです。

＼ 苦くない！　子どもも食べられる！ ／

ピーマン丸ごとホイル焼き

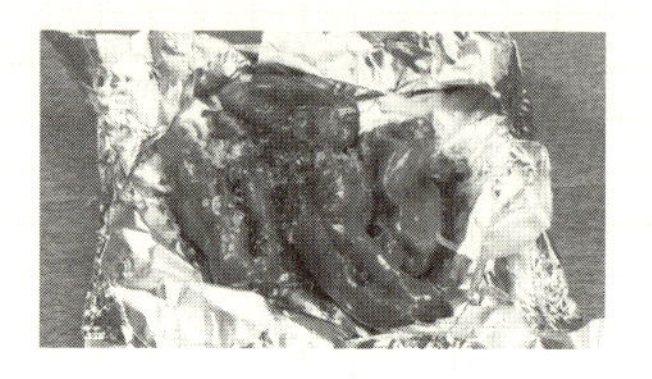

材料（4個分）

ピーマン
（長さ7～8㎝のもの）……4個
削り節・しょうゆ……各適量

作り方

【両面魚焼きグリルで】

1.アルミ箔（はく）を30㎝幅に切り、ピーマンをのせる。その上にもう1枚同じサイズのアルミ箔をのせ、四辺を折り曲げてしっかり閉じる。

2.両面魚焼きグリルの奥に入れて強火で6～7分間加熱する。削り節としょうゆをかける。

【オーブントースターで】

1.グリルでの作り方1と同様に、ピーマンをアルミ箔で包む。

2.250℃に設定したトースターで12分間加熱し、そのまま3分間余熱で火を通す。削り節としょうゆをかける。

どちらもすぐに開けると、やけどをするおそれがあるので注意。

POINT

- 冷めるとピーマンの水分が減り、苦みが戻るため、熱いうちに食べる。ヘタも種も丸ごと食べられる
- 上記の作り方は冷蔵庫で保存してあったピーマンを使う場合。常温の場合は加熱時間を少し減らして調節する
- グリルやトースターによって火力が異なるため、加熱時間は様子を見ながら調節する
- 片面魚焼きグリルの場合は十分に加熱されないため、オーブントースターを使う
- 温度設定ができないトースターの場合は15分間加熱し、そのまま5分間余熱で火を通す。ホイルを開けてみて、まだ鮮やかな緑色をしていたら、アルミ箔を開けたまま2～3分間様子を見ながらさらに加熱する

COLUMN

そもそもピーマンはなぜ苦いのか？

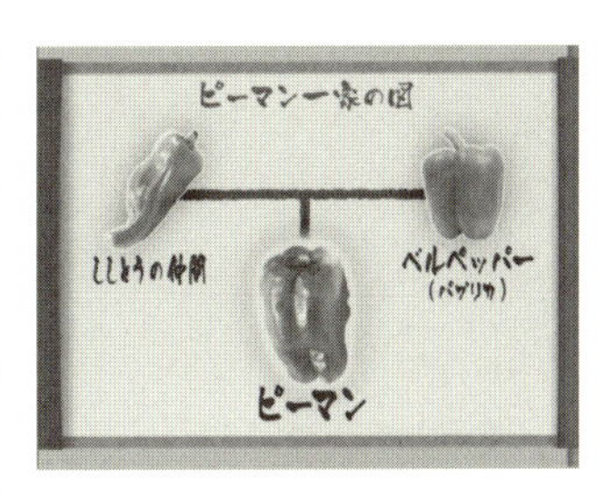

ピーマンが苦いのは、実はほぼ日本だけです。60年ほど前に出回っていたピーマンは甘くみずみずしく、現在のパプリカのような味でした。しかし、実が大きかったので、1株に付ける実の数が少なく、現在の貨幣価値に換算するとおよそ2倍以上の値段だったのです。
そこで、大手種苗会社が品種改良を重ねてできたのが今のピーマンです。1株でおよそ1,000個も実が取れる、子だくさんの「ししとうがらしの仲間」と掛け合わせたので、生産量が上がり、手に入りやすくなりました。同時に、ししとうの仲間には少し苦みもあったため、それも受け継いで苦みのある大人向けの味になったというわけです。

＼丸ごと調理の新ワザで定番料理が変身／

ピーマンのジューシー肉詰め

材料（8個分）

ピーマン（長さ7～8㎝のもの）……8個
合いびき肉……150g
水……大さじ2

A
- トマトケチャップ……大さじ2
- 塩・砂糖……各小さじ1/2
- こしょう……少々
- たまねぎ（みじん切り）……50g

作り方

1. ピーマンは転がらない安定する向きに置き、上面に縦方向の切り目を入れる*。
2. ポリ袋にAを入れて混ぜ合わせ、ひき肉も加えて混ぜる。空気を抜いて口を縛り、下の角をハサミで切る。
3. 1に2を少しずつ絞り出し、指で押し込みながら詰めていく。
4. フライパンに3を切り目が上になるように並べ*、分量の水を加える。
5. フタをして強火で3分30秒間加熱して火を消し、そのまま2分30秒間余熱で火を通す。切り目を上にして器に盛る*。

*切り目を上にするのは、中の水分が出ないようにするため。

！ できたては熱いので、やけどに注意。

魅惑の食材

わかめ！ 未知との遭遇

GATTEN!

京都の料亭に学ぶ

「とろとろプルンわかめ」

とろとろのカギは
わかめにたっぷり含まれる
「アルギン酸」！

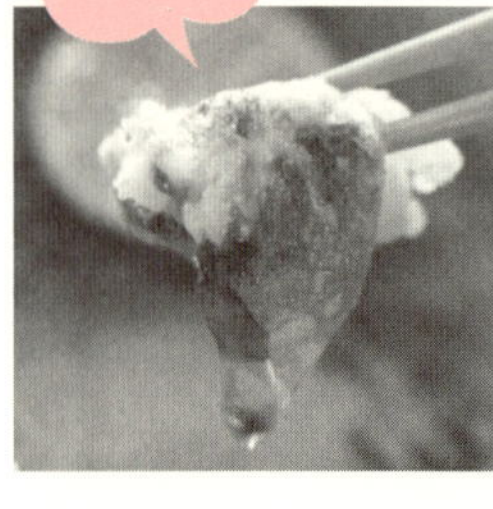

天ぷら

酢の物

でも、この食感を引き出すには
わかめに1枚1枚塩をふり、
手が痛くなるまですりこんだり、
湯通し後、流水に3時間さらしたり、
水に一晩ひたしたり、
かなり大変。

だからガッテンで大実験！

わかめには「ヨウ素」が含まれている。ヨウ素は甲状腺ホルモンの主原料として、重要な役割を果たしており、不足しても過剰にとっても甲状腺機能の低下を招くことがある。甲状腺機能に障害がある人は医師と相談を。

ガッテン流！ お手軽

とろとろプルンわかめ

材料

塩蔵わかめ
……適量

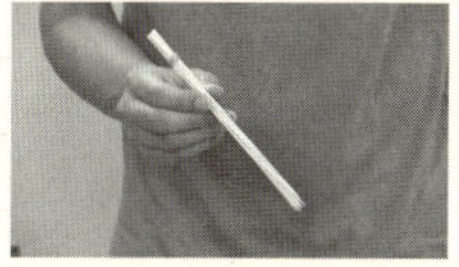

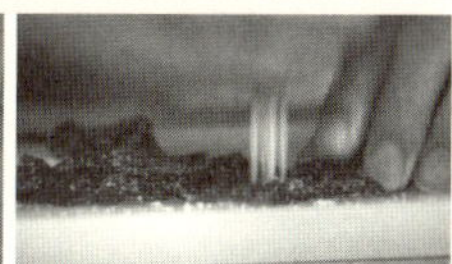

作り方

1. 数本の竹串をゴムで縛る。わかめをまな板に広げ、竹串で隅々まで２～３分間少し強めに刺す。

2. 熱湯に 10 秒間ほどくぐらせてわかめを戻したら、すぐに流水で 10 秒間ほど冷ます。水に浸して冷蔵庫で３時間以上おく。

3. とろとろになったら、だしや酢など、お好みの調味料に10分間ほどつける。

- 手を刺さないように注意。
- 生ものなので、なるべく早く食べる。
- 厚みが薄いわかめや乾燥わかめは、とろみが出にくい場合がある。うまくできなかった場合は、P162「わかぺ」にしても！

アルギン酸が多いのは波にもまれて暮らしているから!?

荒れた海で多く育つわかめ。実は根からではなく、体全体で栄養を取り込むため、海水の流れが激しいほうが栄養を取り込みやすいのです。

強い流れやうねりを受けて激しく揺れても簡単に折れないのは、わかめに含まれるアルギン酸という食物繊維の力。アルギン酸は保水力が強く、わかめの細胞と細胞の隙間を満たすことで、クッションのような働きをしています。

このアルギン酸は外に漏れないようにしっかり守られていますが、わかめの表面に傷をつけ、水につけると、水と体内のアルギン酸が出入りしやすくなります。このようにしてとろとろプルンのわかめが生まれるのです（上記）。

なお、乾燥わかめを水に入れると膨らむのもアルギン酸の力です。

＼ いつもの料理をふわふわに ／

わかめペースト“わかペ”

材料（作りやすい分量）

乾燥わかめ
（または塩蔵わかめを戻したもの）……100g
熱湯……200mℓ

作り方

1. わかめをしっかり絞り、フードプロセッサーに入れて熱湯を注ぐ。
2. フードプロセッサーのスイッチを入れる。ときどき様子を見て、わかめが細かくなり、とろみが出てくれば出来上がり。

POINT

- ☑ 熱湯を扱う際は、やけどに注意
- ☑ 分離している場合はしばらくおくと、とろみが出てくる
- ☑ 冷蔵庫で３日間ほど、冷凍庫で１か月間ほど保存できる

＼ お弁当にも！ ／

“わかペ”入りふわふわ卵焼き

材料（2人分）

卵……3個
わかペ……100g
サラダ油……適量

作り方

1. ボウルに卵を割り入れ、菜箸で切るように10回程度均一に軽く混ぜ、さらにボウルの向きを変えて同様に混ぜる。
2. わかペを加え、卵とわかペが分離しない程度に軽く混ぜ合わせて、油を敷いたフライパンで焼く。

＊味付けは好みで。わかペを加えた後に調味料を混ぜて焼く。
＊アルギン酸の保水力で水分が出にくい。

＼ 小麦粉は半量以下！ カロリー33%オフ ／

“わかぺ”入りふわふわお好み焼き

材料（2枚分）

卵……1個
わかぺ……120g
小麦粉……60g
キャベツ（せん切り）……200g
サラダ油……適量
豚バラ肉（薄切り）……4枚

作り方

1. ボウルに卵を割り入れ、わかぺを加えてしっかり混ぜ合わせる。
2. 小麦粉を加えて混ぜ合わせたら、キャベツも加えてさらに混ぜ合わせる。
3. フライパンに油を引いて熱し、2を広げて食べやすく切った豚肉をのせる。ほどよく焼き色が付いたら返して同様に焼く。好みでソースをかける。

＼ 時間がたってもまるでつきたての味！ ／

“わかぺ”入りふわふわ餅

材料（2枚分）

切り餅……2個（約100g）
わかぺ……40g

作り方

1. 大きめの耐熱ボウルに餅を入れ、ラップをして柔らかくなるまで電子レンジにかける。
2. すぐにわかぺを加え、水でぬらしたヘラで手早く練る。手に水を付けながら食べやすい大きさに丸め、好みであんこやきな粉などを付けていただく。

GATTEN! FOOD

さつまいも大革命！

味の新世界てんこ盛り

GATTEN!

知っていました？

ねっとり系新タイプのさつまいも

「ベニアズマ」に代表される従来タイプのさつまいもといえば「ホクホク」。ところが、このイメージを全く変える新品種「べにはるか」が登場。さつまいもの常識に大きな変化が！

新品種の特徴は、

1. ねっとり甘い
2. 冷めてもおいしい

そのうえ、

3. 冷凍してもグッド

焼きいもにしてから
冷凍すると
滑らかな
アイスクリームに
なります！

べにはるか、おいしさの秘密はβアミラーゼにあり

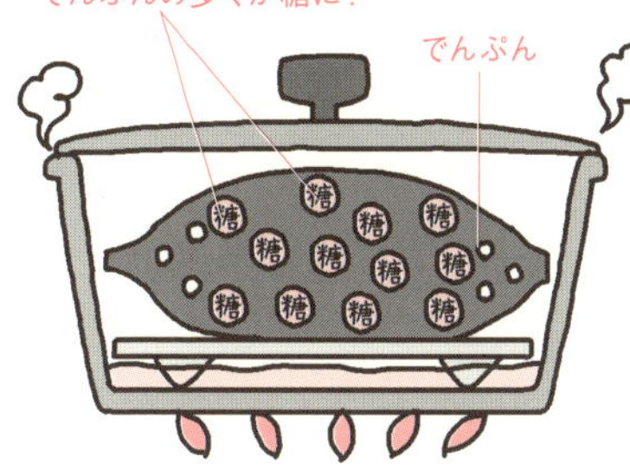

従来のタイプのさつまいもに比べて、べにはるかはβアミラーゼという酵素の活性がとても高いため、加熱するとでんぷんの多くが糖に分解されて、とても甘くなる。

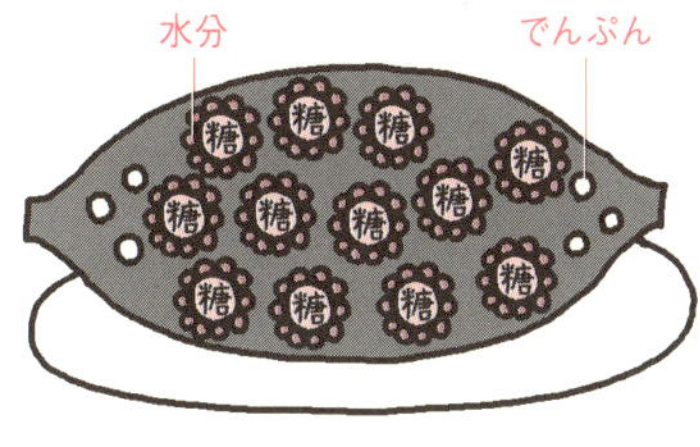

しかも、糖には水分を逃がしにくいという性質もあるため、ねっとりした食感に。また、硬い食感の原因になるでんぷんの多くが、βアミラーゼによって分解されて減っているため、冷めても柔らかくおいしい。

従来タイプのさつまいもとべにはるかは一体何が違う？

従来からあるホクホクタイプのさつまいも。加熱すると、ぎっしり詰まったでんぷんの一部をβアミラーゼという酵素が糖に分解。甘くしてくれます。このとき残ったでんぷんが、独特のホクホクとした食感を生み出してくれるのですが、冷めると少し問題が出てきます。水分が分離してでんぷんが縮こまってしまい、ぼそぼそとした、やや硬い食感になってしまうのです。

そこで、子どもやお年寄りでも飲み込みやすい粘質（ねっとり）系の「べにはるか」が、品種改良によって登場したのです。

ねっとり系のべにはるかとホクホクタイプのさつまいも、それぞれのおいしさを生かした食べ方をご紹介します。

＼ まるでアイスクリームみたい ／

冷凍焼きいも

冷凍すると氷の粒が細胞を壊すので、食感がクリーミーに。さらにペースト状にすれば、さまざまな料理にアレンジできる。

材料（作りやすい分量）

べにはるかの焼きいも*……1 本

*べにはるか以外のねっとりタイプの焼きいもでもおいしくできる。ふかしいもでも OK。

作り方

焼きいもの粗熱をとって冷凍庫で一晩凍らせれば、冷凍焼きいものできあがり。そのまま食べてもおいしい。ペーストにする場合は、常温に1時間ほどおいて解凍し、皮をむいてスプーンでつぶす。

冷凍焼きいもペーストで

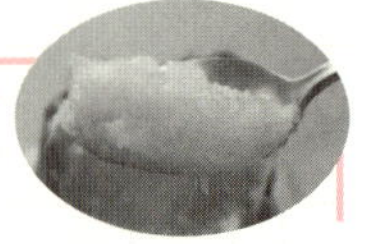

アレンジ①

クラッカーにのせて！

アレンジ②

ヨーグルトに添えて、甘いソースの代わりに！

アレンジ③

バニラアイスクリームと混ぜて、濃厚なさつまいもアイスクリームに！

材料（2人分）

バニラアイスクリーム……200mℓ

さつまいもペースト……100g

作り方

バニラアイスクリームを少し解凍してからペーストを加え、全体を混ぜ合わせる。再度、冷凍してできあがり。

ねっとりとホクホク、料理や好みで使い分けよう！

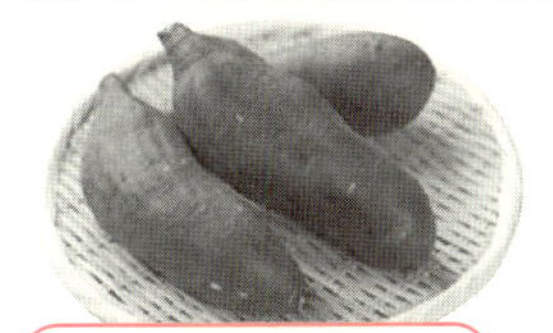

ホクホクした食感

ベニアズマ

熟成が進む年明けごろには甘みとしっとり感がアップ。焼きいもとして売られることも増える。

強いホクホク感 栗のような風味

紅赤

120年前から生産される伝統品種。昔ながらのホクホクした食感が魅力。

ホクホク&しっとりめ

高系14号

種類が多く、地域によって名称が異なる。なると金時、宮崎紅、紅さつまなど。

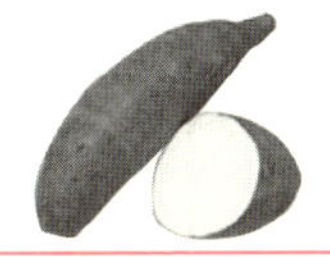

しっとり甘い

べにまさり

熟成によってさらにねっとり甘くなる。

なめらか&甘さスッキリ

HE306（シルクスイート）

焼きいもとしてよく販売される。

ねっとり&強い甘み

安納紅・安納こがね（安納いも）

中は鮮やかな黄色から、だいだい色。焼きいもとしてよく販売される。

べにはるか

収穫してから熟成がどんどん進むため、春から夏ごろにはさらに柔らかくなる。

ホクホク感

お勧め料理

天ぷら

大学いも

＊時期や条件によって食感や甘みは変動する。

お勧め料理

冷凍焼きいも

ねっとり感

写真提供：農研機構　カネコ種苗株式会社

早いうえにうまい

Q. 通常一晩かかるたけのこのあく抜き。1～2時間○○○につけるだけの裏ワザとは？

えぐみの多いたけのこでもおいしく！

教えてくれたのは、和食の料理人
野﨑洋光さん

A. 大根のおろし汁

大根のおろし汁に1～2時間つけるだけ。何らかの酵素の働きで、ほどよくえぐみが抜けるのではないかと考えられる。

＊たけのこの産地や収穫してからの日数によってえぐみの強さは変わってくる。1～2時間でえぐみが取れない場合は、つける時間を延ばす。ただし、つけすぎるとたけのこ特有の甘みや香りがなくなるので、様子を見ながらつけること。

ケース どうやって見つけたの？ あく抜きの裏ワザ

＼ほどよいえぐみが残って美味／

あく抜きの裏ワザ・大根おろし法

材料

大根……約1/3本
水……大根のおろし汁と同量
塩……大根のおろし汁と水を合わせた量の1%
生たけのこ……1本（20～30cm）

手順

1. 大根を皮ごとすりおろす。えぐみを抜く効果を高めるために“皮ごと”がポイントに。おろす部位は、葉に近い部分でも、先端でもOK。
2. すった大根おろしをこして、おろし汁のみにする（大根おろしは別の料理に使う）。
3. 分量の水と塩を加える。
4. たけのこは皮をむいて料理に合わせた大きさに切る。3に1～2時間つけておく。
5. たけのこをざるに上げて水で洗い流す*。

*大根のにおいが気になる場合は、5分間ほど水につけてから洗う。
（監修：野崎洋光）

＼ 料亭の味を再現！ ／

たけのこの天ぷら

あく抜きは「大根おろし法」で

材料

生たけのこ……1本
衣
- 小麦粉 ……50g
- 水……100mℓ

揚げ油……適量
塩……適量

作り方

1. たけのこは皮をむいて縦1/4に切る。根元は8㎜ほどの薄さに切り、穂先はくし形に切る。
2. 大根おろし法（P169）であく抜きする。
3. 2のたけのこの水けを拭き取り、小麦粉（分量外）を薄く付ける。
4. 衣の材料を混ぜ合わせる。3を衣にくぐらせて170℃の油で3分ほど揚げる。泡が小さくなったら揚がっている。
5. バットに取り、軽く塩を振る。好みの味付けでいただく。

＼ シャキシャキ感が別次元！ ／

たけのこごはん

あく抜きは「大根おろし法」で

材料

生たけのこ……150g（約1/4～1/3本）
米 ……2合
A
- しょうゆ……大さじ1
- 酒……大さじ1
- 塩……小さじ1/2

油揚げ（みじん切り）……1枚

作り方

1. たけのこは皮をむき、根元は角切り、穂先はくし形に切る。
2. 1を大根おろし法（P169）であく抜きする。
3. 炊飯器に米とAを入れ、2合の目盛まで水（分量外）を加えたらひと混ぜして、油揚げ、2の順に加える。
4. 「普通炊き」*で炊飯する。

*「早炊き」ではたけのこの甘みが引き出せないので、普通炊きで炊くのがポイント。

（レシピ監修：野﨑洋光）

COLUMN

究極のたけのこ料理「大名焼き」

たけのこは鮮度が命。鮮度を追求した究極の料理、それは竹林に生えたままのたけのこを焼く「大名焼き」だ。竹林にダメージを与えてしまうため、殿様でなければ許されない振る舞いだったことから、この名が付いたとされている。「大名焼き」に限りなく近い味を家庭で再現する方法をご紹介する。

＊許可を得て撮影。

材料

生たけのこ……1本（皮付き）

作り方

1. オーブンの天板にオーブン用の紙を敷き、たけのこをのせる。
2. 200～250℃に熱したオーブンに1を入れて2時間ほど焼く。たけのこの根元にスッと竹串が通れば完成。

＊外側の皮が真っ黒になってもかまわない。あく抜きしていないため、多少のえぐみが残っている場合もある。食べすぎには注意。

たけのこのえぐみはなぜ増える？

たけのこ料理を作る際、いつも問題になるのが「えぐみ」。その正体はまだ解明されていませんが、えぐみ成分が増えるタイミングは分かってきました。1つは収穫のあと。地下茎から切断されると、そのストレスなどからえぐみ成分が増加すると考えられます。時間がたつとともにどんどん増えて、なんと収穫後1日でおよそ2倍に。えぐみが増えると、たけのこ本来の甘みやうまみが感じられにくくなってしまいます。

また、日光に当たると光合成の作用でえぐみが増えるともいわれています。そのため、たけのこ狩りの極意はまだ土から顔を出していないたけのこを探し出すこと。たけのこ掘り名人は、底の薄い特製の長靴を履いて、地面のわずかな膨らみを感じて掘り起こすそうです。

あとがき

　おかげさまで「ガッテン！」は、「ためしてガッテン」も含めると今年で25年目に突入。ついに四半世紀の域に達しました。もはやネタが残っていないのではないかと思ってしまいそうになりますが、そんなとき、いつも思い出す言葉があります。それは前任者が打ち合わせ中にふと発したもので、「世の中にもう面白いことが残っていないなんて、そんな寂しいことあるわけがない」というひと言。少しも気張った様子はなく、「今日は天気がいい」と言うかのように普通にしゃべっていたその顔も、くっきりと記憶に残っています。
　そして、その言葉は今も後輩ディレクターたちによって実証され続けています。今回、ご紹介させていただく中では、例えば「かつお節」。伝えたいメッセージは「小分けパック入りのかつお節は1回で使い切ろう」というシンプルなもの。でも、そこには本当にかつお節をおいしくいただくための神髄が詰まっています。日常の暮らしの中でつい見逃してしまう運命の分かれ道……気付いてしまえば小さなことに思えますが、まさにコロンブスの卵のようです。もちろん、番組が実現するのは、それまで地道に研究を重ねてこられた方々がいらっしゃるからで、我々はテ

NHK ガッテン！　暮らし劇的大革命

司会
立川志の輔
小野文恵
アナウンサー

制作統括
宇野央康
鈴木心篤
田中健一

制作スタッフ
（50音順）
荒東大祐
井出有吾
岩本 周
大野慶人
荻嶋美帆

レビを通してその声をお伝えしているにすぎません。

健康テーマの「レビー小体型認知症」は、まさにそうした1つ。当事者の方が、病気への理解を深めてもらおうと地道に活動をされていて、番組ではその活動に寄り添わせていただきました。自分と同じような苦しみに陥る人を少しでも減らしたいと、早期発見のために情報を発信し続ける姿には敬意を表さずにはいられませんでした。

人の数だけ興味があり、考え方があり、その中から新たな発見…〝面白いこと〟が出てくるんだと思います。今回の出版に際しても、専門家の皆さまや、患者の方々、お悩みを寄せていただいた方々など、大勢の方にご協力いただきました。厚く御礼申し上げます。

これからも多くの人に支えられていることを忘れずに、みなさまの生活が少しでも楽しく、快適になるような情報をお届けしたいと思います！　どうぞよろしくお願いいたします。

令和元年十月

NHK制作局〈第3制作ユニット〉科学・福祉・ライフ
チーフ・プロデューサー
宇野央康

国原裕一
近藤慶一
坂井信二郎
坂本 敬
鈴木志穂子
中村友信
成田花緒里
廣渡道明
藤本洋平
前田俊介
三木健太郎
山本裕介
渡瀬繭子

NHK ためしてガッテン＆ガッテン！ 既刊リスト

ためしてガッテン
アロエ、活性酸素、ガン、コレステロール、酢、睡眠、DHA、豆腐、ミネラルウォーター、夜食ほか

ためしてガッテン 2
肝臓回復法、結露、高血圧、口臭、骨粗しょう症、節水、節電、納豆、入浴、冬のかゆみ、結び方ほか

ためしてガッテン 3
アク抜き、衣類の黄ばみ、お腹、自律神経、中性脂肪、ナス、にんにく、ひざ痛、和菓子、わさびほか

ためしてガッテン 4
イス、居眠り、遠赤外線、応急手当て、ごま油、コラーゲン、サツマイモ、水中シェイプアップ、チャーハン、ハチミツほか

ためしてガッテン 5
アルカリ性食品、いびき、うどん、がん、ギョーザ、血液サラサラ食品、洗濯、そば、体脂肪、便秘、もやしほか

ためしてガッテン 6
赤みそ、海藻料理、禁煙、筋力年齢、くん製、歯周病＆口臭、ダニ、糖尿病、水虫、野菜保存ほか

ためしてガッテン 7
あがり症克服、快眠、花粉症、から揚げ、視力回復、疲れ顔撃退法、動脈硬化、肉じゃが、干しシイタケ、めまいほか

ためしてガッテン 8
アトピー性皮膚炎、アレルギー体質改善、カニ、肝臓健康法、紅茶、ぼけない脳の鍛え方、ヤマイモほか

ためしてガッテン 9
薄毛・抜け毛対策、オリーブオイル、顎関節症、寒天、クエン酸、血圧降下術、ゴボウ、消臭、心筋梗塞ほか

ためしてガッテン 10
胃がん、イワシ、インフルエンザ、大掃除、体脂肪、豆乳、とうもろこし、脳卒中、ひじき、リンゴほか

ためしてガッテン 11
アボカド、カレー、首の痛み、子宮がん、肺炎、卵焼き、バナナ、ビタミン、不整脈、むくみほか

ためしてガッテン 12
エコクッキング、快眠枕、がんの転移と最新治療、しびれ、静電気、難聴、冷えに勝つ食事、巻き爪ほか

ためしてガッテン 13
アルツハイマー病、過敏性腸症候群、口内炎、スロージョギング、低カロリーダイエット、蒸し料理、冷凍ワザほか

ためしてガッテン 14
アサリ、うつ病、おもち、シミ、新型骨粗しょう症、睡眠時無呼吸、ダイエット、ピロリ菌、便秘ほか

ためしてガッテン 15
アンチエイジング、大人のぜんそく、肩こり改善法、更年期障害、ゴマ、こんにゃく、痔、心臓弁膜症ほか

ためしてガッテン 16
毛穴対策、腱しょう炎、昆布だし、COPD、腎臓病、たるみ解消法、トクホでダイエット、鶏むね肉、若返りストレッチほか

ためしてガッテン 17
お弁当、過呼吸、さんしょう、食道がん、女性の薄毛、マスク、プチ断食、防災、卵白ほか

ためしてガッテン 18
胃の不調、快眠、肩の痛み、カビ・水虫・ダニ、食中毒、炭酸、ハサミ、パスタ、めまい、レビー小体型認知症ほか

ためしてガッテン 19
泡レシピ、天気痛、とろろ昆布、認知症予防、ひざ痛、便秘解消、耳鳴り、免疫力、らっきょうほか

ガッテン！ よりぬき新常識 効果2倍筋トレ メリハリ減塩術 酒かすパワー ほか
筋肉ＵＰ術、トースト、鶏むね肉、高血圧、糖尿病、肩こり、頭痛、足のむくみ、長生きホルモン、ビタミン、たらこ、なめこ、高野豆腐ほか

ガッテン！ なるほど新スゴ技 腰痛最強ストレッチ めい想パワー ふわプリ卵料理 ほか
巻きずし、血管若返り、目の異常、骨ホルモン、突然死、口内フローラ、便秘、大腸がん、癒やしホルモン、メーク、尿酸値、オクラ、豆腐ほか

ガッテン！ 驚きパワー大全開 カラダ若返り３体操 缶詰ニューワールド さらば部屋干し臭 ほか
腰痛改善珍体操、低栄養、認知症、血圧サージ、ひざ痛、コレステロール、嗅覚、ごぼう＆レンコン、納豆、こんにゃく、缶詰、赤みそほか

編集協力　フロンテア（大島智子）、青木信子
カバー・本文デザイン　北田進吾（kitada:design）、堀 由佳里
本文レイアウト　まつむらきみこ
カバー・目次・扉イラスト　JUN OSON
本文イラスト　五十嵐 亨
校正　ケイズオフィス
カバー写真撮影　池田晶紀

NHKガッテン！ 暮らし劇的大革命
物忘れ メタボ 血糖値 免疫力 腰痛・ひざ痛 花粉症
サクサクフライ ふわっトロ煮魚

2019年11月30日　第1刷発行

編　者●NHK「ガッテン！」制作班

発行者●森永公紀
発行所●NHK出版
〒150-8081　東京都渋谷区宇田川町41-1
電話 0570-002-140（編集）
0570-000-321（注文）
ホームページ　http://www.nhk-book.co.jp
振替　00110-1-49701

印刷・製本●廣済堂

Printed in Japan　ISBN978-4-14-011364-6 C2077